# 최강 지구 백과

땅이 흔들리고, 화산이 폭발하고, 거센 태풍이 불고, 엄청난 폭우가 쏟아지는 등 지구 곳곳에서는 상상 이상의 대단한 일들이 일어나요. 왜 그런 걸까요? 우리는 잘 알아채지 못하지만 사실 지구는 살아 있는 생물처럼 끊임없이 움직이고 있답니다. 힘도 어마어마하게 세고요. 오랜 시간에 걸쳐 거센 힘을 뽐내며 활동을 이어가면서, 지구는 우리 주변 곳곳에 수많은 볼거리를 남겨 놓아요. 유럽의 알프스산맥, 미국의 그랜드캐니언, 아프리카의 빅토리아 폭포, 베트남의 하롱베이 등 그야말로 감탄이 절로 나오는 멋진 광경들이 모두 지구의 활동에서 탄생한 작품이랍니다. 이 외에도 지구 안팎에서는 온갖 신기한 현상이 끊임없이 벌어지고 있어요. 지금부터 지구 안쪽과 바깥쪽을 샅샅이 훑어보면서 지구별 여행을 시작할 거예요. 자, 놀랄 준비 하시고, 출발할까요?

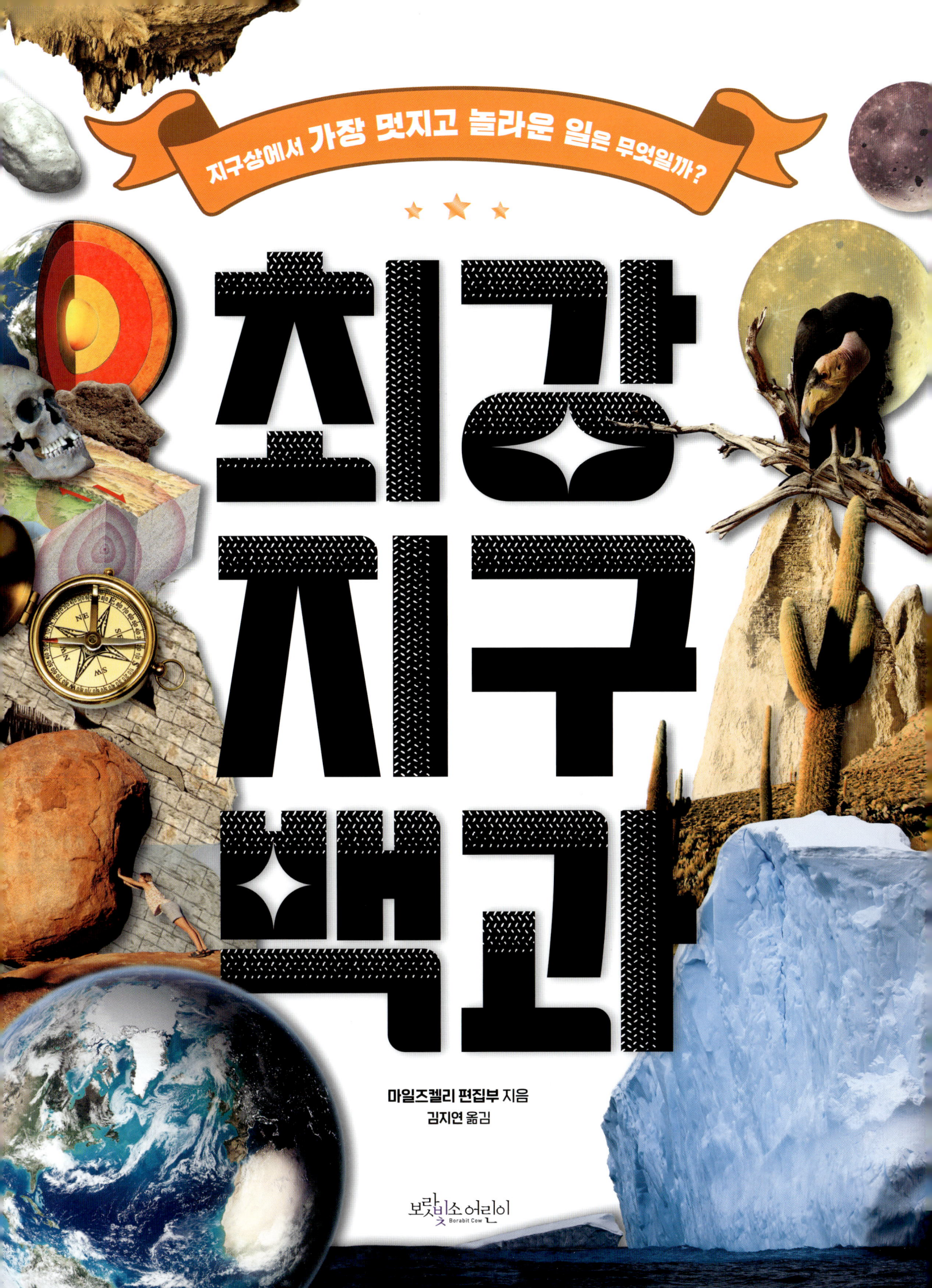

# Contents

움직이는 지구 • 6–41

광활한 바다 • 42–77

**경이로운** 지구 • 78–113

**대단한** 자연의 힘 • 114–149

찾아보기 • 150

# 움직이는 지구

지구는 위대하고 놀라운 자연의 힘에 의해 끊임없이 움직이고 있어요. 아무런 움직임이 없어 보이는 단단한 지표면 아래에서도 지구의 활동은 계속 이어지고 있답니다.

| | |
|---|---|
| 우주 속 지구 | 8 |
| 거대한 대륙을 쪼개는 지구의 힘 | 10 |
| 육지에서 가장 높은 산 | 12 |
| 우르르 쾅! 화산 폭발 | 14 |
| 땅속 뜨거운 열기를 엿볼 수 있는 간헐천 | 16 |
| 지구의 압력이 일으키는 재난, 지진 | 18 |
| 여러모로 세계 최고인 아마존강 | 20 |
| 오랜 시간에 걸친 자연의 작품, 침식 작용 | 22 |
| 꽁꽁 언 빙하 | 24 |
| 지하 속으로 | 26 |
| 땅속에 숨은 보석 | 28 |
| 깊은 바닷속 들여다보기 | 30 |
| 무서운 바람 | 32 |
| 변화무쌍한 날씨 | 34 |
| 예쁘지만 위험한 눈 | 36 |
| 지구의 끝 | 38 |
| 극단의 날씨를 보여 주는 사막 | 40 |

◀ 사진 속 이곳은 미국 유타주와 애리조나주에 걸쳐 있는 파리아캐니언-버밀리언클리프 야생 지대예요. 빙하 침식으로 깎여 나간 사암(모래가 뭉쳐서 단단히 굳어진 암석)층들이 소용돌이 모양의 표면을 이루고 있지요.

# 우주 속 지구

지구는 펄펄 끓고, 들썩이고, 꽁꽁 얼어붙는 변화무쌍한 행성이에요. 때때로 진흙이 끓어 넘치고, 바람이 빠르게 소용돌이 치고, 땅에서는 거대한 균열이 생겨나지요. 지구는 46억 년 전에 형성되었지만, 여전히 우주의 영향을 받으며 변화하고 있어요. 특히, 눈에 띄는 커다란 변화가 생길 때마다 우리는 지구가 더 거대하고 엄청난 우주에 속해 있는 하나의 행성이라는 것을 깨닫게 된답니다.

### 유성

유성체는 지구의 대기로 들어오면서 뜨겁게 타오르는 바위나 금속성 돌덩어리예요. 빛을 내뿜는 기체의 흔적이나 녹아내린 입자들을 유성이나 별똥별, 또는 불덩어리라고 부른답니다. 가장 밝게 빛났던 유성우는 1883년 미국에 떨어진 것이었어요. 수천 개의 반짝이는 불빛이 하늘에서 떨어지자 사람들은 지구의 종말을 두려워하며 잠을 이루지 못했다고 해요.

### 대멸종

6550만 년 전 'K-P 대멸종'이라는 일이 발생했어요. 멕시코 칙술루브 인근에 거대한 운석이 떨어져 지구에 큰 충격을 일으킨 사건이지요. 이때 발생한 먼지와 잔해로 인해 태양광이 차단되었고, 이는 무려 1만 년 동안 지구의 기후에 영향을 미쳤어요. 과학자들은 이 충돌이 공룡을 포함한 당시 동물 종의 약 80%를 멸종시켰다고 생각한답니다. 거대한 운석이 지구에 떨어질 경우, 대기 온도가 태양 표면보다 10배나 더 뜨거운 약 6만 도씨까지 올라갈 수 있어요. 그리고 운석이 지구와 부딪힐 때의 충격으로 1000세제곱킬로미터의 암석과 가스가 공중으로 날아가고 지진이 일어날 수도 있지요.

### 오로라(극광)

지구에서 볼 수 있는 가장 놀라운 광경 중 하나는 오로라예요. 북극과 남극 주변의 어두운 하늘에 빛의 커튼이 생기는 아름다운 현상이지요. 오로라는 태양으로부터 태양풍을 타고 날아온 작은 입자들이 지구의 자기장에 이끌려 대기로 들어오면서 공기 분자와 반응해 빛을 내는 현상이랍니다.

▲ 국제우주정거장(ISS)에서 본 남극광

유성이 공중에서 다 타 버리지 않고 땅에 떨어진 것을 '운석'이라고 해요. 남아프리카공화국에는 '브레드포트 돔'이라고 불리는 거대한 구덩이가 있는데, 이것이 바로 운석 충돌로 인해 만들어진 거예요. 세계에서 가장 큰 이 운석 구덩이의 지름은 약 300킬로미터나 된답니다.

▼ 1996년 3월 21일에 관측된 하쿠다케 혜성

### 불타는 얼음

얼음과 바위, 얼어붙은 가스로 이뤄진 덩어리가 태양 근처에서 뜨겁게 달궈져 밝은 빛을 내는 천체를 '혜성'이라고 해요. 1996년 하쿠다케 혜성은 지구에서 불과 1500만 킬로미터 떨어진 곳까지 접근해 왔고, 그것은 200년 동안 가장 밝은 천체 현상 중 하나로 기록되었답니다. 이 혜성은 현재 태양계의 가장자리를 향해 나아가고 있고, 7만 2000년 동안은 다시 볼 수 없을 거예요.

▲ 미국의 우주비행사 제임스 어윈은 우주에서 본 지구를 '반짝이는 청백색 보석'이라고 말했답니다.

# 거대한 대륙을 쪼개는
## 지구의 힘

지구 중심의 온도는 무려 섭씨 5400도에 달해요. 이 뜨거운 중심의 힘은 매우 강력한 엔진처럼 작용해 암석들을 움직이게 하고, 지구의 외부 지각을 부수고 이동하게 하지요. 이 엄청난 힘에 의해 산맥이 형성되고 지진이 일어나기도 한답니다.

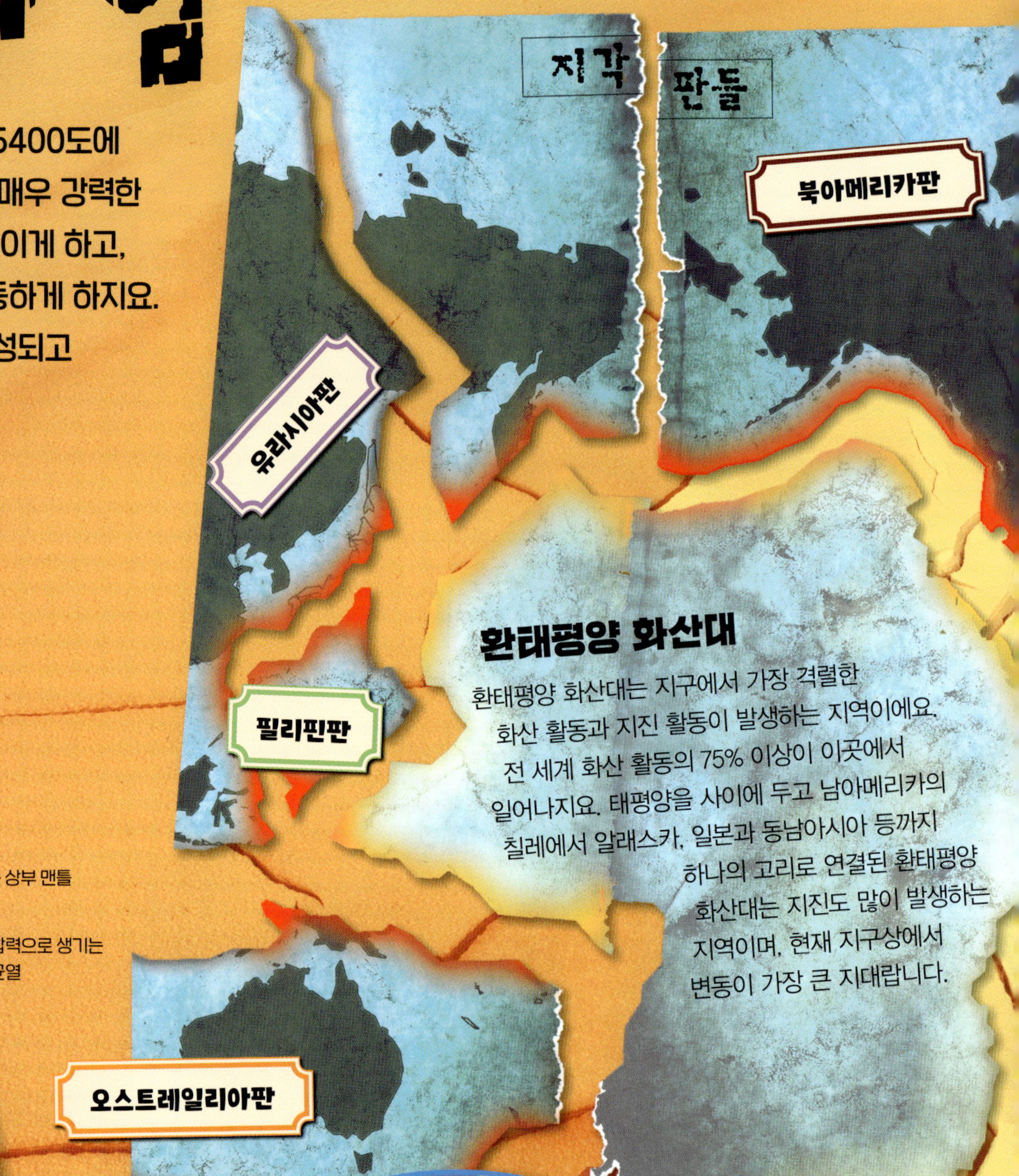

지각 판들

북아메리카판

유라시아판

필리핀판

오스트레일리아판

- 철과 니켈로 이루어진 고체 내핵
- 액체 상태인 외핵
- 거의 고체인 하부 맨틀을 통과하는 중심핵의 열
- 암석으로 되어 있는 상부 맨틀
- 맨틀의 압력으로 생기는 지각의 균열

### 환태평양 화산대

환태평양 화산대는 지구에서 가장 격렬한 화산 활동과 지진 활동이 발생하는 지역이에요. 전 세계 화산 활동의 75% 이상이 이곳에서 일어나지요. 태평양을 사이에 두고 남아메리카의 칠레에서 알래스카, 일본과 동남아시아 등까지 하나의 고리로 연결된 환태평양 화산대는 지진도 많이 발생하는 지역이며, 현재 지구상에서 변동이 가장 큰 지대랍니다.

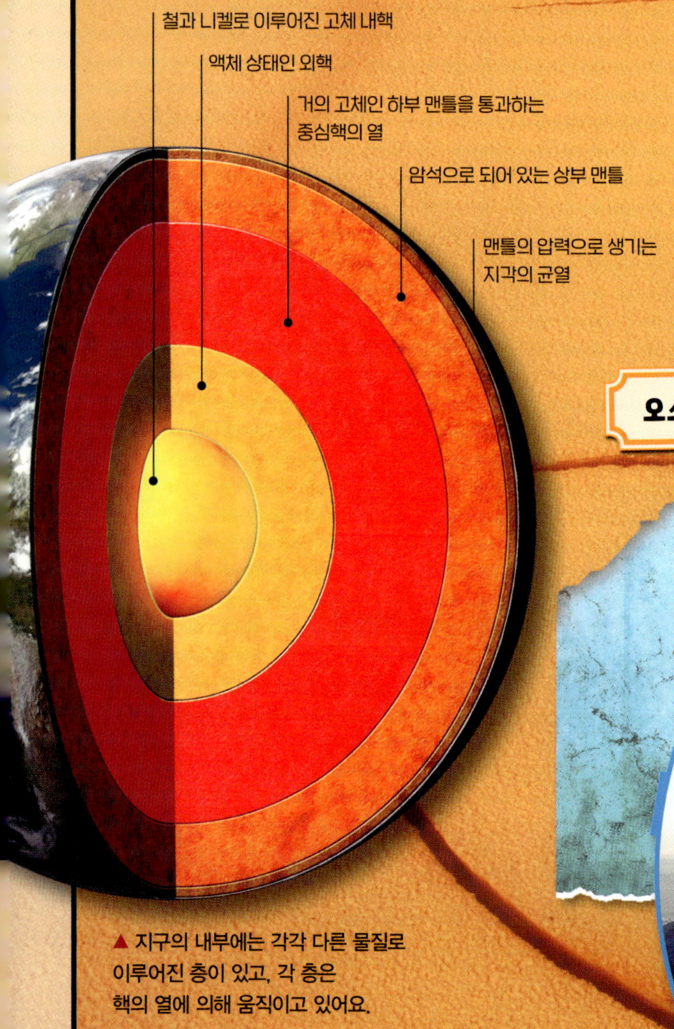

▲ 지구의 내부에는 각각 다른 물질로 이루어진 층이 있고, 각 층은 핵의 열에 의해 움직이고 있어요.

◀ 남극의 화산 분출구에서 수증기가 뿜어져 나오고 있어요.

## 대서양 중앙 해령

세계에서 가장 긴 산맥은 대서양 아래에 숨어 있는 대서양 중앙 해령이에요. 이 거대한 산맥의 봉우리들은 약 1만 6000킬로미터의 능선을 이루고 있답니다. 이곳에서는 맨틀의 뜨거운 부분 위에서 지각판이 만나고, 용암이 지각에 더해지면서 새로운 지각이 생겨나며, 지각판들이 서로를 밀어내면서 판들이 더욱 멀어지고 있답니다.

▶ 대서양 중앙 해령의 일부는 바다 위로 솟아 있는데, 그것이 바로 아이슬란드랍니다.

유라시아판

아라비아판

아프리카판

인도판

남아메리카판

나스카판

◀ 2010년에 아이슬란드의 미르달스외퀴들 빙하 밑에 있는 에이야퍄들라이외퀴들 화산이 폭발해 화산재가 유럽 전역을 뒤덮었어요. 가장 높은 연기 기둥은 거의 11킬로미터에 달했고, 수천 톤에 이르는 화산재가 뿜어져 나왔답니다.

## 아이슬란드

아이슬란드는 대서양 중앙 해령의 화산이 폭발하면서 뜨겁게 생겨난 섬이지만, 지금은 땅의 대부분이 차가운 빙하로 덮여 있어요. 지난 2000년 동안 지구에서 흘러내린 용암의 약 3분의 1이 이곳에서 발생했어요.

# 육지에서 가장 높은 산

히말라야산맥은 육지에서 가장 큰 산맥일 뿐만아니라, 불과 5000만 년밖에 되지 않은 가장 어린 산맥들 중 하나이기도 해요. 히말라야산맥에서 가장 높은 봉우리인 에베레스트산은 티베트에서는 초모룽마, 네팔에서는 사가르마타라고 부른답니다.

등반가들이 가장 많이 오르는 길은 남동쪽 산등성이로, 네팔에서 출발해 올라갈 수 있어요.

**에베레스트 정상**
8850미터

**데스 존**
약 8000미터 넘는 높이에서는 생존 자체가 힘들어져요. 산소가 부족하고 기온은 너무 낮기 때문이지요. 이 구역에서 등반가들이 제일 많이 죽거나 다치거나 실종되는데, 그래서 이곳을 '데스 존'이라고 부른답니다. 사망한 등반가들은 종종 그대로 산에 남겨졌다가 이따금 몇 년 뒤에 꽁꽁 언 상태로 발견되곤 하지요.

**캠프 4**
8000미터

**캠프 1**
6000미터

**쿰부 빙폭**
가장 위험한 경로 중 하나로, 사다리와 밧줄의 도움을 받아 건너야 해요.

등반가들은 크레바스(빙하 속 깊이 갈라진 틈)를 건너기 위해 사다리를 이용해요.

**베이스캠프**
고도 5400미터에 위치한 쿰부 빙하에서 등반가들은 고도에 적응하며 더 올라갈 준비를 해요.

## 타임라인

**1841년**
영국의 수리 지리학자이자 측량사인 조지 에버리스트가 봉우리 'b'
(당시 에베레스트는 이렇게 불렸어요)의 위치를 확인했어요.

**1856년**
봉우리 'b'의 높이가 8840미터로 측정되었어요.

**1865년**
봉우리 'b'의 이름이 에베레스트로 정해졌어요.

**1924년**
에베레스트 정상에 오르는 첫 시도는 실패했지만, 한 등반가가 8570미터까지 올라갔어요.

**1953년**
에드먼드 힐러리(뉴질랜드)와 텐징 노르게이(네팔)가 5월 29일에 최초로 에베레스트 정상에 올랐어요.

**2007년**
은퇴한 일본인 교사 야나기사와 가쓰스케가 71세의 나이로 에베레스트 정상에 올라 최고령 등정자로 기록되었어요.

# 우르르 쾅! 화산 폭발

지구의 표면이 갈라지면서 녹은 암석과 화산재, 독성 가스가 분출구로 뿜어져 나오는 화산 폭발은 실로 놀라운 자연 현상이에요. 지표면 아래 깊은 곳에 엄청난 온도와 압력이 존재한다는 뜻이지요. 화산 폭발을 일으키는 엄청난 힘의 정체는 정확히 무엇일까요?

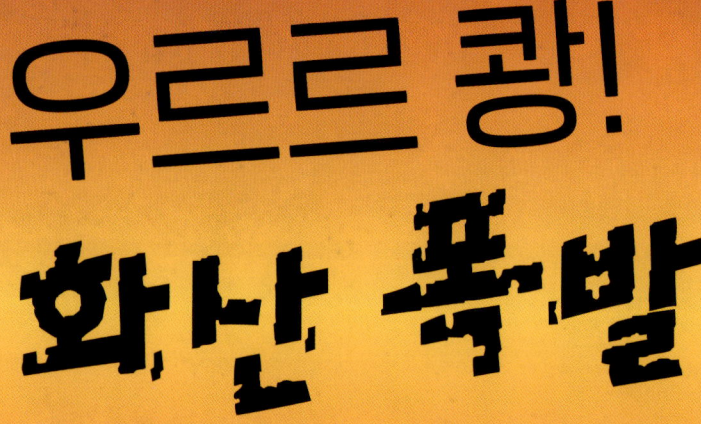

▶ 1980년에 세인트헬렌스 화산이 폭발하면서 산꼭대기 400미터 정도가 날아가 버렸어요.

화산 폭발의 크기는 화산폭발지수(VEI)로 측정해요. 분출량과 화산재의 높이에 따라 0부터 8까지 9단계로 나뉜답니다.

## 용암

반액체 상태로 녹아 버린 암석을 용암이라고 해요. 용암이 흐르는 속도는 암석이 녹는 온도와 성질(암석에 포함된 광물의 종류)에 따라 달라진답니다. 지금까지 측정된 가장 빠른 속도로 흐른 용암은 콩고의 니라공고 화산에서 나온 것이었어요. 시간당 60킬로미터의 속도로 쏟아져 내렸답니다.

◀ 불타는 용암은 마치 강물처럼 흘러내리고, 이것이 바닷물로 들어가면 물이 펄펄 끓어올라요.

## 화산재

화산에서 분출된 대규모 화산재는 며칠 동안 공중에 떠 있을 수도 있고, 멀리 퍼져 나가기도 해요. 79년에 베수비오 화산이 폭발했을 때 분화구에서는 초당 170만 톤의 거대한 화산재 기둥이 솟구쳤어요. 이 화산재 기둥은 3.3킬로미터 높이까지 치솟다가 꺼져서 땅을 화산재로 덮어 버렸답니다.

◀ 폭발하는 가스의 힘에 의해 화산재 구름이 솟구쳐 올라요.

## 화산 분출

지구 내부의 열과 압력이 너무 커서 지각이 견딜 수 없을 때 화산이 폭발하고, 지표면 아래에 있는 엄청난 양의 에너지가 밖으로 뿜어져 나와요. 지금까지 기록된 화산 폭발 중 가장 격렬했던 것이 186년에 발생한 뉴질랜드 화산이에요. 110세곱킬로미터에 이르는 믿기 힘든 규모의 엄청난 화산 폭발이었답니다. 그때 만들어진 분화구가 뉴질랜드 북섬에 있는 타우포 호수예요.

## 마그마

지하에서 암석이 녹아서 생기는 마그마는 지표면 바로 아래 공간에 모여들어요. 지구 내부의 열과 압력은 마그마를 위로 밀어 올리고, 때때로 마그마가 지각의 약한 부분을 뚫고 지면에 닿기도 하지요.

주화도─마그마방(많은 양의 마그마가 모여 있는 곳)으로 가는 주요 분화구
화도
부화도
상부 마그마방
하부 마그마방
맨틀

## 분화구

땅속 마그마가 용암이나 화산 가스를 땅 위로 내뿜는 구멍을 분화구라고 해요. 용암이 주변에 쌓이면서 원뿔 모양을 이루고, 그 벽이 무너지면 분화구가 점점 더 커진답니다. 지구에서 가장 활발한 화산들 중 하나가 하와이 화산이에요. 지금도 그 분화구에서는 수증기와 화산 가스가 뿜어져 나오고 있답니다.

# 땅속 뜨거운 열기를 엿볼 수 있는 간헐천

지구 내부의 엄청난 열이 땅으로 올라와 우리 눈으로 직접 그 열기를 조금이나마 확인해 볼 수 있는 곳도 있어요. 그곳의 열기는 발 아래 암석을 뜨겁게 달구고, 암석 사이에 스며든 물을 데워 수증기를 공기 중으로 올려 보낸답니다. 심지어 진흙이 펄펄 끓는 곳도 있어요!

## 올드페이스풀 간헐천

미국 옐로스톤 국립공원에는 세계에서 가장 유명한 간헐천이 있어요. 평균 85~95분 간격으로 폭발음과 함께 물보라와 열기를 뿜어 올리는데, 그 물기둥 높이가 약 55미터에 달해 장관을 이룬답니다.

## 옐로스톤 국립공원

간헐천은 지하에서 뜨거워진 물이 지표면으로 올라오면서 보이는 특징인 열수 현상 중 하나로, 다른 열수 현상들로는 온천과 진흙포트(산성의 온천수가 암석을 녹여 만든 진흙) 등이 있어요. 미국 옐로스톤 국립공원에서는 전 세계 열수 현상의 3분의 1을 볼 수 있고, 다른 어떤 곳보다 많은 간헐천이 몰려 있어요. 그중 150개는 2.6제곱킬로미터에 집중되어 있지요. 옐로스톤 국립공원이 자리한 지역 전체는 초화산(일반 화산의 수천 배에 이르는 분출물을 분화하는 화산)에 걸쳐 있어서 화산이 폭발할 경우 파괴력이 어마어마할 수밖에 없어요. 가장 최근의 화산 폭발은 64만 년 전이었는데, 당시 폭발의 크기가 세인트헬렌스 화산 폭발(1980년)보다 1000배나 더 강력했답니다. 현재 그 지역의 지표면 온도는 섭씨 200도에 이르며, 새로운 간헐천, 진흙 웅덩이, 분기공(화산의 분화구나 산허리, 산기슭에서 화산 가스를 내뿜는 구멍)이 끊임없이 생겨나고 있어요.

## 최대 간헐천

지금까지 목격된 간헐천들 중에서 가장 높이 치솟았던 것은 1900년 뉴질랜드의 화산 폭발 이후 4년 동안만 존재했던 와이망구였어요. 와이망구가 내뿜은 분출물은 무려 460미터까지 치솟아 엠파이어스테이트 빌딩보다 더 높이 올라갔어요. 1903년에는 갑작스런 분출로 인해 4명의 관광객이 사망하는 일도 있었답니다.

▶ 올드페이스풀 간헐천은 가장 많은 연구가 이루어지고, 또 제일 잘 알려져 있는 간헐천이에요.

▶ 짧은꼬리원숭이는 따뜻한 물에 몸을 담그는 것을 좋아해요. 때때로 온천에서 목욕을 즐기곤 한답니다.

### 천연 욕조

일본 나가노의 따뜻한 온천은 짧은꼬리원숭이들이 좋아하는 곳이랍니다. 짧은꼬리원숭이들은 추운 겨울철에 이 천연 온수 욕조에 몸을 담그고 목욕을 즐겨요.

### 목화 성

터키의 파묵칼레는 '목화 성'이라는 뜻으로, 마치 목화로 만든 성과 같은 모습이라서 붙여진 이름이에요. 지하 온천수가 올라와 식으면서 그 안에 있던 석회질이 쌓여 푸른빛을 띠는 아름다운 광경이 펼쳐진답니다.

▶ 파묵칼레의 온천들에는 미네랄 성분이 많이 녹아 있어요. 이 미네랄들이 석회석으로 바뀌어 석회층을 이룬답니다.

어떤 화산 지역의 땅은 너무 뜨거워서 진흙이 끓어올라요. 가스가 분출되면서 지표면의 진흙이 보글보글 끓어 튀어 오르기도 한답니다.

# 지구의 압력이 일으키는 재난 지진

지구 내부에서 작용하는 압력은 땅 아래를 뒤흔들 정도로 굉장히 강력해요. 제아무리 단단한 암석이라도 이런 압력을 견뎌 내기란 불가능하지요. 급격하거나 완만한 지각 변동이 생기면 거대한 암석이 구부러지거나 미끄러지면서 땅이 흔들리고 갈라질 수 있어요.

### 단층 운동

지구의 표면이 끊어져 어긋난 구조를 단층이라고 해요. 거대한 암석판(지각판)이 양쪽에서 서로 다른 방향으로 움직이며 쪼개진 것이지요. 암석판이 서로를 지나 천천히 미끄러지면서 달라붙어 압력이 쌓였다가 그 압력이 풀리면 갑작스러운 충격이 발생할 수 있답니다.

▲ 단층의 거대한 움직임은 진원지 주위에 에너지(지진파)를 내보내요. 지진파는 바깥으로 퍼져 나가 도시를 파괴시키기도 하지요.

2010년에 일어난 칠레의 지진은 매우 강력해서 콘셉시온이라는 도시를 서쪽으로 3미터 이동시켰답니다.

2008년 대지진이 발생한 중국 남서부 베이추완현에서 망가진 도로를 따라 주민들이 대피하고 있어요.

**극심한 피해**

### 대규모 재난
1906년 샌앤드레이어스 단층의 이동으로 인해 샌프란시스코에서 대지진이 일어났어요.

### 안전장치
버려진 건물을 이용해, 지진에 대비하고 사람을 보호할 방법을 찾기 위한 실험이 진행되고 있어요. 주변을 통제한 후에 일부러 건물을 무너뜨리고, 빨간색의 케이지가 사람을 보호할 안전장치가 될 수 있는지 시험해 보는 중이랍니다.

### 지진 예측
지진은 가장 심각하고 파괴적인 재난 중 하나로, 예측이 사실상 불가능해요. 하지만 지진을 견딜 수 있는 내진 시설을 미리 갖춰 둔다면 목숨을 잃는 일을 최소화할 수 있겠지요. 일본과 미국 캘리포니아의 건물들은 지진에 대비해 탄성이 있는 건축자재와 진동에 견딜 수 있는 충격흡수 기반을 갖추고 있어요.

### 메가 쓰나미

### 해저 지진
해저의 단층선을 따라 갑작스럽고 거대한 움직임이 일어나면 쓰나미가 발생해요. 단층이 육지에 가까울 경우, 메가 쓰나미(파괴력이 매우 강력한 거대한 쓰나미)가 발생할 가능성도 높아지지요.

2004년, 인도양에서 발생한 메가 쓰나미는 피피섬을 망가뜨렸답니다.

# 여러모로 세계 최고인 아마존강

안데스산맥의 빙하와 물은 아마존강의 수원으로 흘러요.

자리강의 폭포는 가이아나 고원에서 아마존으로 물을 흘려보내요.

우루밤바강은 아마존강의 상류수로 아마존 수원을 구성하는 지류예요.

강은 암벽을 허물고 가루로 빻을 수 있을 만큼 강력한 힘을 가지고 있어요. 또한 수백만 톤의 흙과 모래를 운반할 수 있는 힘과 도시 전체에 전기를 공급할 수 있을 만큼 충분한 에너지를 가지고 있지요. 지구에는 긴 강, 넓은 강, 깊은 강들이 있지만, 아마존강은 거의 모든 측면에서 최고라고 할 수 있어요.

지류는 강의 원줄기로 흘러들거나 원줄기에서 갈라져 나온 물줄기를 말해요. 아마존강은 가장 많은 지류를 가진 강으로, 약 200개의 지류가 흐르고 있어요.

## 세계 5대 강

나일강은 아마존강보다 약간 더 길지만, 부피로 비교하면 아주 작은 물줄기에 불과해요. 나일강은 1초에 약 5100세제곱미터의 물을 바다로 흘려보내지만, 아마존강은 그것보다 43배나 더 많은 약 22만 세제곱미터의 물을 흘려보내요. 도시 하나에 10년간 충분히 공급할 수 있는 물을 단 하루 동안 바다로 흘려보내는 거예요.

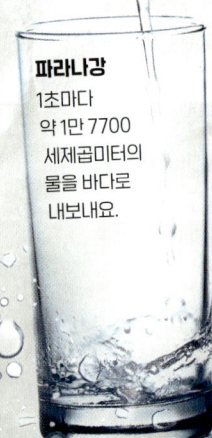

**파라나강**
1초마다 약 1만 7700 세제곱미터의 물을 바다로 내보내요.

**예니세이강**
1초마다 약 1만 9000 세제곱미터의 물을 바다로 내보내요.

**양쯔강**
1초마다 약 3만 2000 세제곱미터의 물을 바다로 내보내요.

**콩고강**
1초마다 약 4만 2000 세제곱미터의 물을 바다로 내보내요.

**아마존강**
1초마다 약 22만 세제곱미터의 물을 바다로 내보내요.

비가 많이 내리는 우기에 아마존 유역의 면적은 약 35만 제곱킬로미터로 확대된답니다. 독일과 비슷한 크기가 되는 셈이지요. 비가 오지 않는 건기에는 그 면적이 3분의 2로 줄어들어요.

아마존강 덕분에 500만 제곱킬로미터 규모의 아마존 우림(오스트레일리아의 3분의 2에 이르는 크기)의 생태계가 유지될 수 있어요.

계절마다 반복되는 우기로 인해강이 넘쳐서 물에 잠기는 땅을 '범람원'이라고 해요.

아마존강 유역에는 아마존강돌고래가 살아요. 그들은 주로 물고기나 게를 잡아먹는데, 습성에 대해서는 알려진 것이 거의 없어요.

아마존강은 매일 300만 세제곱미터의 침전물을 바다로 흘려보내요.

서핑을 즐기는 사람들은 아마존강이 바다와 만나는 곳에 생기는 만조의 긴 파도를 좋아해요. 파도 하나를 타고 10킬로미터를 갈 수 있을 정도랍니다!

우기가 되면 아마존강 하구는 너비가 40킬로미터에 이르러 지구상에서 가장 넓은 강이 된답니다.

아마존강은 지구 전체 민물(담수)의 20%를 차지해요.

21

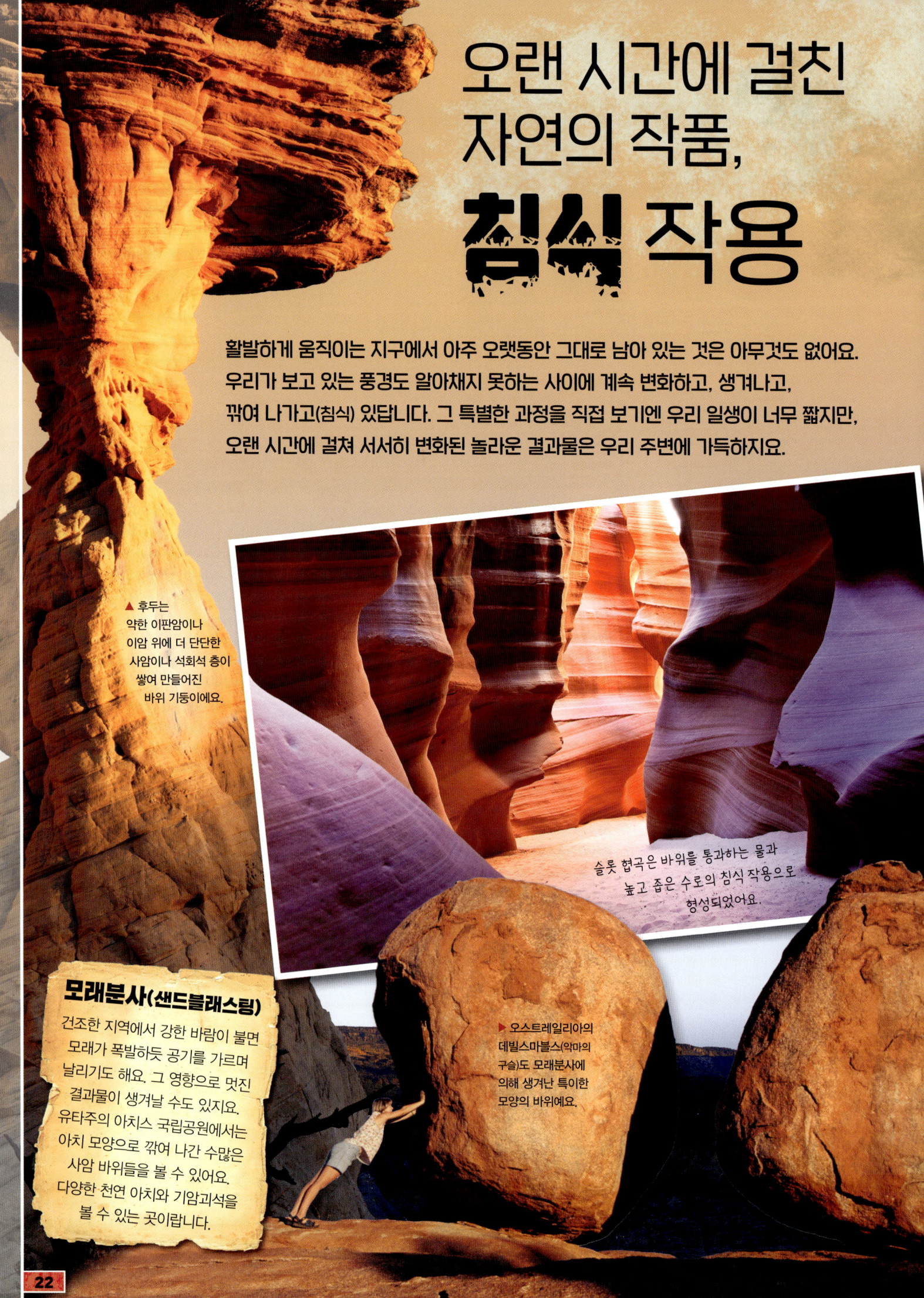

# 오랜 시간에 걸친 자연의 작품, **침식** 작용

활발하게 움직이는 지구에서 아주 오랫동안 그대로 남아 있는 것은 아무것도 없어요. 우리가 보고 있는 풍경도 알아채지 못하는 사이에 계속 변화하고, 생겨나고, 깎여 나가고(침식) 있답니다. 그 특별한 과정을 직접 보기엔 우리 일생이 너무 짧지만, 오랜 시간에 걸쳐 서서히 변화된 놀라운 결과물은 우리 주변에 가득하지요.

▲ 후두는 약한 이판암이나 이암 위에 더 단단한 사암이나 석회석 층이 쌓여 만들어진 바위 기둥이에요.

슬롯 협곡은 바위를 통과하는 물과 높고 좁은 수로의 침식 작용으로 형성되었어요.

### 모래분사(샌드블래스팅)

건조한 지역에서 강한 바람이 불면 모래가 폭발하듯 공기를 가르며 날리기도 해요. 그 영향으로 멋진 결과물이 생겨날 수도 있지요. 유타주의 아치스 국립공원에서는 아치 모양으로 깎여 나간 수많은 사암 바위들을 볼 수 있어요. 다양한 천연 아치와 기암괴석을 볼 수 있는 곳이랍니다.

▶ 오스트레일리아의 데빌스마블스(악마의 구슬)도 모래분사에 의해 생겨난 특이한 모양의 바위예요.

# 물 침식(수식)

▼ 세계 최고의 자연 경관 중 하나로 꼽히는 그랜드 캐니언은 콜로라도강의 침식 작용에 의해 만들어진 대협곡이에요.

미국의 콜로라도강은 암석을 캐는 광부나 다름없어요. 그곳의 침식 작용은 1700만 년 전(지질학적 시간으로는 눈 깜짝할 사이)부터 시작되었어요. 이후로 길이 446킬로미터, 폭 29킬로미터에 이르는 협곡이 형성되었고, 어떤 곳은 깊이가 1.6킬로미터나 되어 25억 년 전의 바위도 드러내고 있지요. 콜로라도 강물의 빠른 속도와 방대한 양, 그리고 그것이 운반하는 많은 양의 진흙, 모래, 자갈이 이 엄청난 침식 작용을 일으키는 이유랍니다. 또한 강물이 지나는 곳의 암석이 비교적 무르다는 것도 하나의 원인으로 꼽혀요.

▶ 오스트레일리아 동남쪽에 있는 태즈메이니아의 페인티드클리프는 파도의 침식으로 만들어진 절벽이에요. 절벽 전체가 주황색과 붉은색 광물로 얼룩져 있지요.

## 파도 침식

해안 지역의 바위는 큰 파도에 부딪혀 표면이 서서히 깎이는 침식 작용을 받아요. 바닷물은 침식을 일으키는 힘과 에너지를 지니고 있기도 하지만, 모래나 진흙을 싣고 와 바위를 깎아 내기도 하지요. 시간이 흐르면 해안 바위는 밑동이 완전히 깎여 결국 바닷속으로 무너지기도 해요.

# 꽁꽁 언 빙하

세계에서 가장 추운 곳에서는 눈이 내리고 나면 좀처럼 녹지 않아요. 눈이 겹겹이 쌓여 솜뭉치처럼 뭉쳤다가 결국 얼음 덩어리가 된답니다. 이렇게 만들어진 거대한 얼음 덩어리인 빙하는 중력에 의해 천천히 움직이면서 장관을 이루게 되지요.

### 빙하의 순환

빙하의 얼음은 시간, 계절, 기온 변화에 따라 계속해서 녹았다 얼었다를 반복해요. 녹는 것보다 어는 얼음의 양이 많을 때 빙하는 더 커져요. 반대로 얼음이 녹는 양이 많아지면 작아진답니다.

▲ 페리토모레노 빙하에서 떨어진 거대한 얼음 덩어리는 아르헨티나의 아르헨티노 호수로 들어가요. 그래서 이 호수를 빙하 호수라고 부르기도 한답니다.

대부분의 빙하는 천천히 움직이지만, 그린란드의 야콥샤븐 빙하는 하루에 약 20미터 정도 이동해요. 세계에서 가장 빠르게 움직이는 빙하랍니다.

## 빙하기

지구의 기후는 지속적으로 변화하고 있고, 극단적인 기후 변화 또한 드문 일이 아니랍니다. 지금의 우리는 간빙기(빙상이 줄어들어 기후가 온난한 시기)를 살고 있지만, 지구는 주기적으로 빙하기와 간빙기가 반복되고 있어요. 마지막 빙하기에는 너무 많은 물이 얼음이 되어 전 세계 해수면이 약 100미터 정도 낮아졌지요.

▲ 약 1만 년 전 마지막 빙하기의 풍경과 동물들을 담아낸 한 화가의 그림이에요. 당시의 엄청난 추위로부터 몸을 보호하기 위해 동물들이 두툼한 털로 무장하고 있지요. 매머드 같은 동물들은 이끼 등의 식물을 먹으며 살았고, 동굴사자 같은 포식자들은 다른 동물들을 사냥해 먹었답니다.

◀ 미국 알래스카주와 유콘주에 걸쳐 있는 거대한 허버드 빙하는 알래스카만까지 이르러요. 100년이 넘는 긴 시간 동안 천천히 이동해서 말이지요.

## 빙산

빙상(대륙 빙하)과 빙하가 바다를 만나면 그 일부가 부서질 수 있어요. 이렇게 쪼개진 거대한 얼음 덩어리들(빙산)은 10%만 물 위로 드러나요. 고체 상태의 물인 얼음은 액체 상태의 물보다 밀도가 낮기 때문이지요. 이 빙산들은 바다를 항해하는 배에게 위험 요소가 된답니다. 1912년에 1517명의 목숨을 앗아간 타이태닉호의 침몰도 거대한 빙산 때문이었어요.

아프리카 킬리만자로산 정상에 있는 만년설이 너무 빨리 녹고 있어요. 앞으로 25년 안에 완전히 사라질지도 모른다고 해요.

거대한 허버드 빙하 근처에 있는 배가 엄청 작아 보여요.

▼ 펭귄 무리가 빙산에 올라탔어요. 먹이가 필요해지면 물속으로 다시 뛰어들어 물고기를 사냥할 거예요.

# 지하 속으로

땅 아래 깊은 지하에서는 크고 작은 동굴들이 어둡고 으스스한 자연 극장을 만들어 내요. 지상에서는 볼 수 없었던 진귀한 광경이 벽과 터널을 따라 깊숙한 곳까지 이어진답니다. 지하로 탐험을 떠난 용감한 탐험가들은 그 놀라운 장면들을 볼 기회를 누릴 수 있지요.

동굴 천장의 석회석이 오랜 기간 동안 녹아 내리면 고드름 모양의 종유석이 만들어져요.

▼ 과테말라에서 발생한 30층짜리 건물 깊이의 싱크홀이에요. 허리케인이 몰고 온 폭우가 그 원인이었답니다.

### 싱크홀(땅꺼짐 현상)

산성의 물은 땅 아래 구멍을 만들 수 있어요. 지하에 형성된 이런 구멍 속으로 약해진 지반이 꺼져 버리는 현상을 싱크홀이라고 해요. 도시에서 싱크홀이 나타나면 주택이나 도로가 무너져 내려 재난 상황이 생기기도 한답니다.

▲ 물방울이 동굴 바닥으로 떨어져 증발하고, 그 안에 있던 광물이 수천 년에 걸쳐 쌓이면 석순이 만들어져요.

### 녹은 석회암

대부분의 지하 동굴은 석회암이 주를 이루는 카르스트 지형에서 만들어져요. 비와 강물이 석회암에 스며들면서 산성화되어 단단한 바위를 녹이거든요. 그렇게 녹은 액체는 다시 석회암으로 바뀌어 종유석, 석순 등 특이한 것들을 만든답니다.

## 동굴 탐험가

지구에서 탐험이 가장 덜 이루어진 곳들 중 하나가 바로 동굴이에요. 그래서 새로운 동굴이나 탐험할 지하 터널을 찾는 것 자체가 아주 특별한 일이 될 수 있답니다. 위험한 동굴 탐험에 나서는 사람들은 새롭고 독특한 경험을 할 수도 있지만, 동굴 붕괴나 저체온증, 추락, 홍수, 길을 잃을 위험에도 대비해야만 해요.

미국 켄터키주 중서부에 있는 큰 석회 동굴은 길이가 630킬로미터로, 세상에서 가장 긴 동굴이에요.

▼ 어떤 석회 동굴에는 탄산칼슘의 일종인 거대한 아라고나이트 결정체가 발달되어 있어요.

▼ 동굴 탐험가들은 넓고 인상적인 동굴도 만나지만, 좁고 길게 뻗은 작은 터널도 마주하게 된답니다.

## 거대한 동굴

동굴 전문가들은 보르네오섬 구눙 물루 국립공원에 있는 동굴들의 구조를 30년 이상 연구하며 지도를 만들어 왔어요. 레이저를 이용해 측정하면서 320킬로미터 이상의 지하 통로 정보를 수집했지요. 구눙 물루에서 가장 큰 동굴은 사라왁 동굴로, 길이 700미터, 높이는 100미터에 이른답니다.

▼ 열대 우림 아래에 있는 거대한 구눙 물루 동굴들은 1976년에야 발견되었어요.

## 석회암

석회암의 주요 광물은 바다 생물의 껍질과 뼈에서 비롯된 탄산칼슘이에요. 수백만 년에 걸쳐 해저에 쌓인 조개껍질과 뼛조각들은 엄청난 압력에 의해 결국 암석으로 변한답니다.

# 땅속에 숨은 '보석'

지구의 지각은 인류의 문명이 의존해 온 광물을 품은 보물창고나 다름없었어요. 우리가 당연하게 여기는 많은 물질들인 철이나 석유, 금, 심지어는 땀띠용 분가루나 연필의 흑연도 지구의 지각에서 형성되는 물질이랍니다. 인류는 인내와 지혜, 기술을 통해 이것들을 뽑아 내고 이용해 왔어요.

**대리석**
이 매끄럽고 튼튼한 돌은 조각과 건축에 사용된답니다.

**강철**
철과 다른 광물을 혼합해 만든 단단한 금속 물질이에요.

**알루미늄**
이 금속은 튼튼하지만 가볍기 때문에 다양한 용도로 쓰여요.

**콜탄의 명암**
콜탄은 휴대전화 제조에 사용되는 중요한 광물이지만, 그것을 추출하는 과정에서 콩고민주공화국 국민의 생명이 위험을 받기에 문제가 되고 있지요. 광부들은 맨손으로 땅을 파서 무너지는 갱도, 방사능 광물, 치명적인 독소 등을 마주할 위험을 무릅쓰고 일을 해야만 한답니다.

**형석**
이 예쁜 광물은 자외선을 받으면 형광(발광)이 된답니다.

**적철석**
분쇄해서 붉은 페인트를 만들어요. 선사 시대부터 사용했던 광물이에요.

**수은**
액체 금속으로, 온도를 측정하는 온도계에 사용돼요.

**흑연**
탄소 원자가 느슨하게 결합되어 있어서 부드럽기 때문에 연필에 사용돼요.

**석탄**
이 화석 연료를 태우면 열과 빛에너지가 방출된답니다.

# 깊은 바닷속 들여다보기

지구에서 탐사가 가장 덜 이루어지고 또 제일 신비로운 곳이 바로 깊은 바다, 즉 심해랍니다. 심해는 압력이 높고 어둡기 때문에 생물이 살아가기 어렵고 그래서 그 종류 또한 많지 않아요. 대신에 상상을 뛰어넘는 신기한 생물들을 만나 볼 수 있지요. 심해에는 사람의 머리보다 더 큰 눈을 가진 대왕오징어부터 빛을 내는 물고기, 거대한 바다벌레까지 기이한 모습의 생물들이 살고 있답니다.

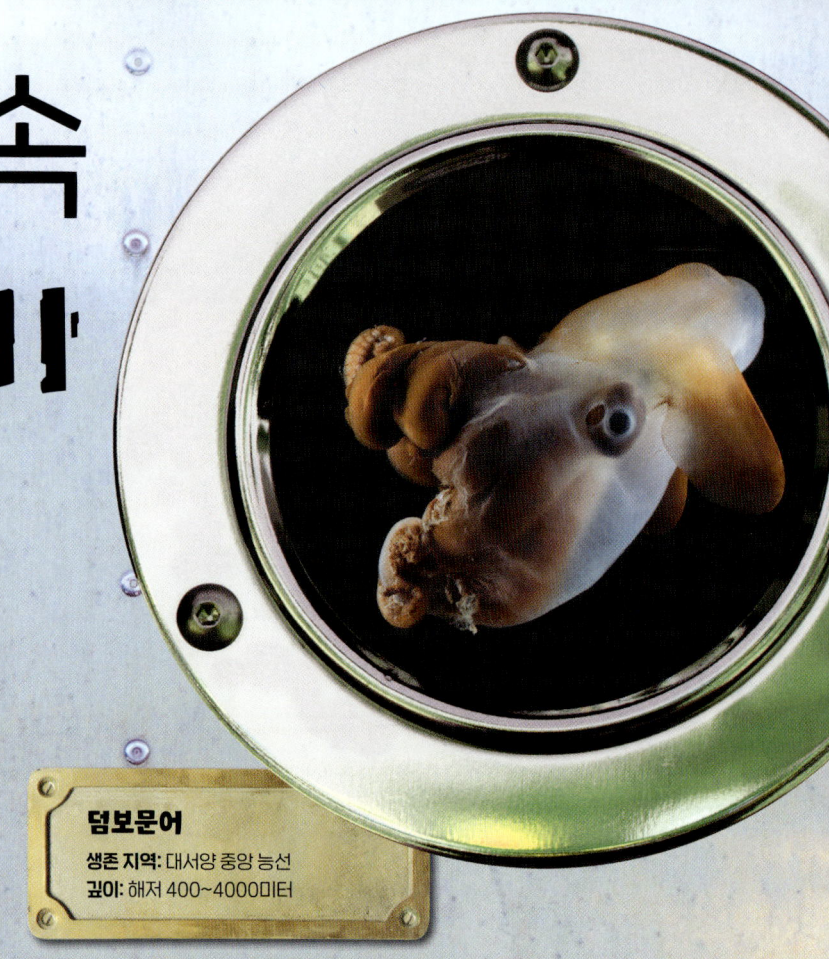

**덤보문어**
생존 지역: 대서양 중앙 능선
깊이: 해저 400~4000미터

## 해저 탐험

1960년에 두 탐험가 자크 피카르와 돈 월시는 한 번도 시도된 적 없는 가장 위험한 탐험을 시작했어요. 그들은 잠수정 트리에스테호를 타고 전 세계 바다 중 가장 깊은 마리아나 해구에서 1만 900미터 아래까지 내려갔어요. 오늘날까지 이들은 그 탐험을 한 유일한 사람들로 남아 있답니다. 비교하자면, 38만 4000킬로미터 떨어진 달에 다녀온 사람은 12명이나 돼요. 해저 탐험이 얼마나 어려운 일인지 짐작이 되나요?

### 바다눈(해중설)

바다에서 죽은 플랑크톤이 눈처럼 해저로 가라앉는 것을 바다눈이라고 해요. 얕은 곳에서는 무기질로 분해되지만, 해저 바닥으로 떨어진 것들은 시간이 지나면 거대한 퇴적물이 되지요. 이런 퇴적물들 중에는 두께가 450미터나 되는 것도 있어요.

**해저 잠수정**
최대 3명의 사람이 탈 수 있으며 460미터 깊이까지 내려갈 수 있어요.

▶ 해저의 지각에서 마그마가 식고 굳을 때 나오는 고온의 액체가 바닷물과 만나면 검은 연기처럼 솟아올라요. 이것을 심해열수공(블랙스모커)이라고 하는데, 그 온도가 섭씨 400도에 이르기도 한답니다.

## 해저의 오아시스

깊은 바닷속은 대부분의 생물에게 살기 좋은 환경은 아니에요. 하지만 몇몇 곳은 지구에서 가장 특이한 생물들이 살기에 적당한 여건이 조성되지요. 지각의 갈라진 틈에서 빠져나가는 화산 열이 만들어 낸 열수공 근처에는 삿갓조개, 새우, 불가사리, 서관충 등이 모여산답니다.

### 자이언트 오스트라코드
생존 지역: 대서양 중앙 능선
깊이: 해저 718~1864미터

## 심해 탐험의 미래

심해 연구는 여전히 과학이 직면한 가장 큰 도전 중 하나로 남아 있어요. 심해는 매우 위험하기 때문에 좀처럼 탐험하기 힘들거든요. 그래서 과학자들은 원격으로 작동하는 차량인 '제이슨'이나 수중 자율 차량인 '센트리' 같은 도구를 이용해 선박의 갑판 위에서 안전하게 해저를 탐사하고 있답니다.

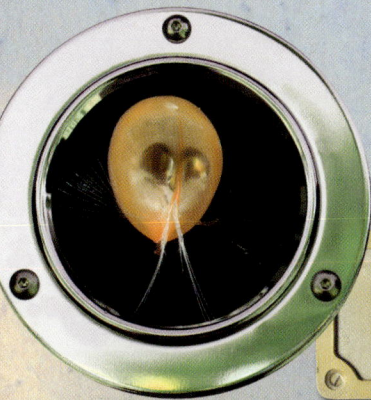

◀ 태평양 해저를 살펴보면 바닥이 얼마나 울퉁불퉁한지 알 수 있어요. 가장 깊은 곳은 파란색과 녹색으로 보이고, 수중 봉우리는 빨강과 노랑으로 나타나며, 동태평양 해팽도 볼 수 있어요.

## 해수대

**0미터**

### 표해수대
햇빛이 들어오기 때문에 식물은 광합성을 하고 다양한 바다 생물들이 살아갈 수 있어요. 투광층, 유광층이라고 부르기도 해요.

**200미터**

### 중심해수대
희미하게 빛이 들어오긴 하지만, 광합성을 할 수 있는 정도는 아니라 식물이 살지 못해요. 약광층, 미광층이라고 부르기도 해요.

**1000미터**

### 점심해수대
칠흑같은 어둠이 시작되는 곳으로, 해면, 조개, 해삼, 지렁이 등 다양한 생물들이 살고 있어요. 무광층이라고 하기도 해요.

**4000미터**

### 심해대
물이 깊어질수록 생존할 수 있는 생물들은 더 적어져요. 이곳에서 살아가는 생물들은 물의 엄청난 압박을 이겨 내야 하거든요.

**6100미터**

### 초심해대
지구상에서 가장 신비로운 곳으로, 몇몇 이상한 생물들이 이곳에 살아요. 그런 생물들에 대해서는 알려진 것이 거의 없어요.

# 무서운 바람

바람은 눈에 보이지 않고 무게가 거의 나가지 않지만, 통제가 불가능하고 지구에서 가장 파괴적인 힘이 될 수도 있어요. 바람이 점점 거세져 강력한 폭풍이 되면 지름이 800킬로미터나 되는 허리케인으로 발전해 심각한 재앙을 일으키기도 한답니다.

▶ 토네이도는 회전하면서 땅의 먼지와 모래를 들어 올려 갈색 깔때기 모양을 이룬답니다.

1974년 4월 3일, 미국에서 사상 최악의 토네이도가 발생했어요. 150개의 토네이도가 밀어닥치면서 300명 이상이 목숨을 잃었고, 6000명이 넘는 부상자가 발생했어요.

## 회전하는 토네이도

토네이도는 심각한 피해를 입힐 수 있지만, 그나마 지속 시간은 짧은 편이에요. 따뜻하고 습한 공기가 차고 건조한 공기와 만나면 때때로 회전하는 수직 공기 기둥이 형성되면서 강력한 소용돌이 바람이 휘몰아치는데, 이것이 바로 토네이도랍니다.

미국 네브래스카에서 발생한 것과 같은 슈퍼셀(강한 회전 기류를 동반하는 뇌우) 폭풍은 몇 시간 동안 여러 개의 토네이도를 만들어 낼 수 있어요.

## 이동하는 공기

공기가 움직이는 이유는 어떤 곳에서는 따뜻해지고 또 어떤 곳에서는 차가워지기 때문이에요. 따뜻하고 공기 분자는 차가운 공기 분자들보다 더 많은 에너지를 가지고 있고, 더 빨리 움직여요. 더 빨리 움직이면 팽창해서 차가운 공기 위로 올라가며, 때때로 극단적인 형태의 바람을 일으키기도 하지요.

## 폭풍을 쫓는 사람

미국의 토네이도 앨리는 거친 바람과 토네이도가 자주 발생하기로 유명한 대평원 지역이에요. 이곳에는 단순한 재미를 위해 또는 연구 자료를 수집하기 위해 폭풍을 쫓는 사람들이 몰린답니다. 이들의 목적은 회오리바람을 직접 보는 것뿐만이 아니라, 그 안으로 들어가는 것이에요. 컴퓨터로 날씨 변화를 확인하면서 폭풍을 찾고, 토네이도의 한가운데로 들어가지요. 강풍과 집중호우, 번개, 우박으로부터 몸을 보호하기 위해 주로 차량 안에서 이런 일을 감행한답니다.

## 허리케인

폭풍은 바다에서 시작되어 육지로 이동하면서 끔찍한 피해를 입힐 수 있답니다. 역대 최악의 허리케인은 시속 250킬로미터가 넘는 소용돌이 바람을 몰고 왔어요. 이 정도 속도의 바람은 건물의 지붕을 날려 버리고, 바닷물을 들어 올려 육지를 덮어 버리는 폭풍 해일을 일으킬 수 있어요.

2005년 8월 29일, 허리케인 카트리나가 미국을 덮쳐 루이지애나주 케너 등의 지역에 엄청난 피해를 입혔어요.

1900년, 허리케인이 폭풍 해일을 일으키며 텍사스 도시 갤버스턴을 강타해 미국 역사상 최악의 자연 재해가 발생했어요. 하룻밤 사이에 1만 명이나 사망했답니다.

# 변화무쌍한 날씨

괴상하고 기이한 날씨는 성경이나 옛날이야기의 소재로 많이 쓰였고, 종종 신이 일으킨 일이라고 여겨지기도 했어요. 과학자들은 기이한 날씨의 원인이 무엇인지 밝혀내기 위해 노력해 왔고, 오늘날에는 명확하지는 않아도 자연적인 기상 현상으로 받아들이고 있어요.

## 신기한 모양의 구름

구름에 대해 연구하는 학문을 '구름학'이라고 해요. 하지만 많은 사람들에게 구름은 과학이라기보다 예술처럼 여겨지지요. 공기 중에 떠 있는 이 덩어리는 물방울이나 얼음 결정을 담고 있으며, 기후 조건에 따라 다양한 모양을 띨 수 있어요. 때로는 버섯, 해파리, 도넛 등의 모양을 닮은 기이한 구름이 발견되기도 한답니다.

◀ 유방구름은 소의 젖(유방)처럼 혹 모양으로 다른 구름 밑에 매달려 있는 형태의 구름이에요. 이 구름이 나타나고 난 후에는 종종 강력한 폭풍이 몰려오기도 해요.

## 무리해

무리해 또는 태양 광륜이라고 부르는 이상한 대기 현상은 높고 얇은 구름 내부의 얼음 결정으로 인해 발생해요. 그 결정체들은 빛을 반사시켜 고리 모양으로 빛나게 하고, 마치 태양을 감싸는 것처럼 보이는 무지개를 만들지요.

## 비처럼 내리는 물고기와 개구리

폭풍우가 몰아치는 동안 하늘에서 이상한 것들이 떨어진다는 소식이 지난 몇백 년 동안 들려왔어요. 이 기이한 사건들은 토네이도 또는 물기둥 때문에 일어난 일이었지요. 동물들, 특히 물고기나 개구리들이 공중으로 휩쓸려 올라갔다가 조금 이동해 다른 곳에 떨어진 거예요.

▶ 캄보디아의 메콩강 주변에서 물기둥이 일어나고 있어요.

2003년 미국 네브래스카주에서는 폭풍우가 몰아치는 동안 약 18센티미터 지름의 얼음 덩어리가 하늘에서 떨어졌어요.

◀ 화산재 기둥 속에서 번쩍번쩍 번개가 치고 있어요. 그야말로 눈부시고 아찔한 장면이지요.

### 블루문

산불이나 화산 폭발로 인해 타고 남은 재의 작은 입자들이 대기 중에서 물방울과 섞이면 달이 파란색으로 보이기도 해요. 이 혼합 물질은 바람에 의해 운반되고, 달빛을 굴절시켜 푸른 안개를 만든답니다.

### 괴상한 불덩이

하늘에서 순간적으로 엄청난 에너지를 뿜으며 번쩍이는 벼락은 전 세계 곳곳에서 1초당 약 100번꼴로 발생해요. 그만큼 꽤 흔한 현상이지요. 하지만 벼락이 공 모양을 이루는 벼락 불덩이는 쉽게 볼 수 있는 현상이 아니랍니다. 벼락 불덩이는 비치볼만 한 크기가 될 수도 있는데, 이런 불덩이가 창문과 벽을 가로지르며 쉭쉭 소리를 내고 폭발하는 장면이 목격된 적도 있다고 해요.

블루 제트 또는 레드 스프라이트라고 불리는 파란색이나 빨간색 섬광은 폭풍 구름 위쪽에서 일어나는 순간적인 번개를 말해요. 지구 대기의 상층부에서 발생하는 벼락이 그런 현상을 낳는 원인으로 여겨지지요.

▼ 2010년 호주 퀸즐랜드의 일부 지역에 홍수가 일어났어요. 프랑스와 독일을 합친 것보다 더 큰 지역을 덮칠 만큼 심각했답니다.

### 홍수

홍수는 지구상에서 가장 자주 발생하는 자연재해 중 하나지만, 갑자기 닥치는 큰 홍수에는 속수무책인 경우가 많아요. 폭우로 인해 방어 시설이나 강둑이 무너지면서 넓은 지역이 물에 잠기기도 하지요. 특히 저지대에 홍수가 발생하면 피해가 더욱 심각할 수 있어요.

# 예쁘지만 위험한 눈

푹신하고 부드러운 눈은 온 세상을 하얗고 아름답게 덮을 수 있어요. 그런 반면에 눈은 파괴적인 재난을 가져오기도 해요. 강렬한 눈보라부터 거대한 눈사태까지, 눈으로 인한 재난을 생각해 보면 눈의 힘을 결코 무시할 수 없어요.

**1998년부터 1999년 겨울 사이, 미국 워싱턴주에 있는 베이커산에는 무려 29미터의 눈이 내렸어요.**

## 눈이란?

추운 곳(극지방이나 고도가 높은 곳)에서는 상승하는 수증기가 공기 중에서 작은 얼음 입자로 바뀌어요. 이 얼음 결정이 서로 달라붙어 눈송이가 되지요. 가장 일반적이고 단순한 눈의 형태는 육각형의 대칭 구조지만, 공기의 온도와 압력, 습도 등에 따라 더 복잡한 구조가 되기도 해요.

## 서로 똑같은 모양의 눈송이는 정말 없을까요?

아무도 확신은 못하겠지만, 아마 그럴 거예요. 매년 수조 개의 얼음 결정이 떨어지는데, 두 개가 완전히 똑같은 모양일 확률은 사실상 없다고 할 수 있어요.

## 눈사태 상황에서 살아남기

눈사태에 대비하려면 어떻게 해야 할까요? 산악 구조대원들의 몇 가지 조언을 살펴보세요.

- 어떤 지역에 들어가기 전에 눈사태의 위험이 얼마나 있는지 파악하고, 눈사태와 관련해 연락을 취할 수 있는 긴급 직통 전화번호를 반드시 기억하세요.
- 스키나 스노보드를 탈 경우, 구조대에 신호를 보낼 수 있는 눈사태 구조용 봉화(불을 쏘아 올릴 수 있는 것)를 가져가세요.
- 눈사태를 앞에서 피할 수는 없지만, 옆으로 피할 수는 있을 거예요.
- 만약 눈 속에 발이 빠졌다면, 주변의 나무나 바위를 잡거나 스키 폴대를 눈 속에 꽂아 지탱해서 올라오세요.
- 눈사태에 휘말리는 것은 강의 급류에 휩쓸리는 것과 같아요. 눈이 여러분을 아래로 끌어내리기 시작할 거예요. 그 속에서 '수영'을 하듯이 벗어나, 온힘을 다해 눈더미 위로 올라가세요.
- 눈에 휩쓸려 구르다가 멈췄다면, 제일 먼저 얼굴 주변의 눈을 치워 숨 쉴 수 있는 공간을 확보하세요.
- 눈 속에 파묻힐 경우, 팔을 위로 뻗어 누군가의 눈에 띌 수 있도록 하세요.
- 눈사태에 휘말린 사람을 보았다면 마지막으로 본 지점을 표시해 주세요. 구조대가 발견할 수 있는 가능성이 높아질 거예요.

### 화이트아웃

눈보라가 시간당 48킬로미터의 속도로 거세게 몰아치면 볼 수 있는 거리(가시거리)가 200미터 이하로 줄어들어요. 눈보라가 더욱 심해지면 사방이 하얘져서 가시거리가 0에 가까워지고 방향 감각을 잃게 되는데, 이것을 화이트아웃이라고 해요.

언덕을 따라 빠른 속도로 흘러내리는 수백 톤의 눈은 나무를 넘어뜨리고, 차를 부수고, 집을 망가뜨릴 수 있어요.

1949년 미국 서부에서 눈보라가 7주 동안이나 계속되었어요. 그 기간 동안 100명이 넘는 사람들과 100만 마리의 소가 죽었답니다.

### 알프스 눈사태

1999년 프랑스 샤모니 지역에 내린 폭설로 30만 세제곱미터가 넘는 규모의 눈사태가 발생했어요. 눈사태는 시간당 97킬로미터의 속도로 쏟아지면서 건물들을 부쉈고, 10만 톤의 눈 아래 사람들이 깔렸답니다. 이 산사태로 인해 12명이 사망하고 말았어요.

# 지구의 끝

지구의 북쪽 끝에는 대륙으로 둘러싸인 얼어붙은 바다, 즉 북극해가 있어요. 이곳에서는 한여름 동안 낮이 24시간 계속된답니다. 그리고 겨울이 되면 적어도 하루는 태양이 아예 뜨지 않아요.

◀▲ 북극권에서 살아남을 수 있는 동물은 북극여우와 북극곰이 있어요. 북극여우는 종종 북극곰을 따라다니면서 먹고 남은 사냥감을 먹는답니다.

▲ 잠수부들은 북극의 얼음 아래를 탐험하며 지구의 끝자락에서 살아남은 야생 동물을 발견하곤 해요.

▶ 남극에서 살아남을 수 있는 동물은 펭귄, 바다표범, 고래, 신천옹(바닷새)이 있어요. 남극해에 사는 크릴새우는 지구상에서 수가 가장 많은 동물들 중 하나랍니다.

지구의 남쪽 끝에는 세계에서 가장 큰 빙원으로 뒤덮인 거대한 남극대륙이 있어요. 평균 면적이 1370만 제곱킬로미터인 남극 빙원은 미국 면적의 1.5배에 이르고 세계 담수의 약 70%를 차지하지요.

▼ 과학자들은 남극의 신비한 역사를 알아내기 위해 남극의 얼음 동굴을 탐험해요.

한밤중의 태양이 북극해에 반사되어 태양이 하늘을 가로질러 움직이는 것처럼 보이는 모습을 시간 지연 사진으로 찍은 거예요.

그린란드 북부의 기온은 섭씨 영하 70도까지 떨어지기도 해요.

1958년에 한 잠수함이 얼어붙은 북극해 아래를 탐사해 빙상이 육지가 아닌 물 위에 떠 있다는 것을 증명했어요.

# 북극

# 남극

남극의 일부 지역은 겨울에 한동안 어둠이 지속된답니다. 태양이 지평선 아래에 105일가량 머물기 때문이지요.

겨울철에 남극의 빙상은 바다로 퍼지면서 바다를 덮는 얼음층이 된답니다. 거대한 얼음 덩어리가 빙상에서 떨어져 나가면 거대한 빙산이 되기도 해요.

역사상 가장 낮은 기온은 남극의 보스토크에서 기록된 섭씨 영하 89.2도였어요.

# 극단의 날씨를 보여 주는 사막

사막은 지구에서 가장 건조한 지역이에요. 몇 년간 비가 전혀 내리지 않기도 하지요. 기후도 극단적이어서, 매우 더운 낮과 추운 밤이 반복되기도 해요. 심지어 얼음으로 뒤덮인 남극도 사막으로 분류된답니다.
이렇게 매우 건조한 지역은 척박하고 황량해요. 물이 없기 때문에 생존할 수 있는 동물도 거의 없지요.

## 지구에서 가장 더운 곳

1. 리비아의 알 아지지야
   57.7°C

2. 미국 데스밸리의 그린란드 목장
   56.7°C

3. 리비아의 구다미스와 튀니지의 케빌리
   55°C

현재 라스베이거스는 많은 것들이 넘쳐나는 도시지만, 과학자들은 앞으로 50년 안에 이 모든 게 메말라 사라질 수도 있다고 경고한답니다.

## 사막 도시

사막이라는 건조하고 혹독한 환경에도 불구하고, 라스베이거스는 세계에서 가장 성공적인 도시 중 하나로 여겨진답니다. 미국 모하비 사막에 위치한 라스베이거스에는 180만 명의 사람들이 살고 있고, 연간 3000만 명의 관광객이 모여들어요.
근처 미드호에서 물이 공급되고 있지만, 공급량에 비해 도시가 너무 빠르게 성장하고 있지요. 로스앤젤레스에서 1인당 하루에 필요로 하는 물의 양은 530리터인 반면, 라스베이거스에서는 1165리터나 된답니다.

사하라 사막의 모래폭풍이 수단의 한 시장을 향해 **빠르게 움직이고 있어요.**

## 사하라 사막

미국 땅 크기에 맞먹을 정도로 거대한 사하라 사막은 지금도 계속 커지고 있어요. 300미터 높이의 엄청난 모래언덕이 생겨나고, 거센 바람이 일어 모래와 먼지폭풍을 일으키지요. 먼지는 모래보다 가볍기 때문에 아주 먼 거리까지 이동할 수 있어요.

**칠레 아타카마 사막에 위치한 아리카 지역에는 59년 동안 겨우 0.75밀리미터 미만의 비가 내렸어요.**

## 산불

사람들의 활동이나 번개로 인해 산불이 발생할 수 있어요. 건조한 시기가 길었던 지역에서 산불이 나면 엄청나게 큰 규모로 번질 수 있지요. 1997년 인도네시아에서는 극심한 가뭄에 이어 강한 바람이 불었는데, 그때 산불이 나서 7500제곱킬로미터를 태워 버렸답니다.

▶ 오스트레일리아에서 발생한 산불로 인해 불과 1시간 만에 20킬로미터에 이르는 초목이 전부 타 버렸어요.

### 지구에서 가장 건조한 곳의 평균 강우량

1. 칠레 아리카
   6년 동안 하루
2. 이집트 아시우트
   5년 동안 하루
3. 이집트 다흘라
   4년 동안 하루

# 광활한 바다

지구에서 제일 큰 면적을 차지하고 가장 신비로운 곳이 바다랍니다. 화산 폭발로 생겨난 열대 섬들부터 기후에 큰 영향을 미치는 거대한 해류에 이르기까지 흥미로운 바다 여행이 펼쳐질 거예요! 함께 떠나 볼까요?

| | |
|---|---|
| 지구를 둘러싼 드넓은 바다 | 44 |
| 바닷물의 신비한 특성 | 46 |
| 거대한 퍼즐 | 48 |
| 이동하는 빙하 | 50 |
| 해양 대순환 해류 | 52 |
| 파도와 조수 | 54 |
| 날씨와 기후 | 56 |
| 섬의 탄생 | 58 |
| 산호초와 산호섬 | 60 |
| 아직 완전히 알 수 없는 바닷속 세상 | 62 |
| 바다가 세운 신기록 | 64 |
| 바다의 소리 | 66 |
| 바닷속 풍경 | 68 |
| 해양의 보물과 쓰레기 | 70 |
| 해양 재해 | 72 |
| 태평양 | 74 |
| 바다와 육지가 만나는 곳 | 76 |

◀ 오스트레일리아의 북동쪽 해안에 있는 그레이트배리어리프는 동물들이 만든 가장 큰 구조물 중 하나로, 산호초가 2000미터 이상 늘어서 있답니다. 이 거대한 크기로 자라는 데 약 1800만 년이 걸렸어요.

# 지구를 둘러싼 드넓은 바다

바다는 지구에서 가장 큰 부분을 차지해요. 무려 136만 7200세제곱킬로미터의 바닷물이 지구 표면의 약 71%를 차지하고 있고, 전 세계 물의 약 97%가 바다에 있어요. 지금까지 알려진 생물 서식지 중에서 바다는 제일 큰 서식지랍니다.

> 바다 아래의 풍경은 놀랍도록 아름다워요. 그리고 바닷속은 아직까지 밝혀지지 않은 비밀들로 가득 차 있답니다.

## 거대한 바다

지구의 해양은 다섯 개의 대양과 약 20개의 바다로 나뉘어요. 실제로는 모두 연결된 하나의 바다지만 말이에요. 바다의 평균 깊이는 3800미터예요. 2500명의 성인 남자들이 연이어 어깨를 밟고 올라선 높이와 동일하지요.

> 규모 면에서 볼 때, 바다는 생물이 살 수 있는 서식지의 95%를 차지하고 있어요.

> 컬럼비아 우주왕복선에서 바라본 바하마는 사파이어빛 바다로 둘러싸여 있어요. 우주에서 보면 지구의 바다는 더할 나위 없이 아름다워요.

## 베일에 싸인 바다

인간은 수천 년 동안 바다를 탐험해 왔지만, 바닷속 탐사는 최근에야 이루어졌어요. 깊은 바다보다 달에 대해 더 많은 것이 알려져 있을 정도지요. 우리는 바다가 해양 생물들의 거대한 서식지이자, 기후와 날씨에 영향을 미친다는 것을 알고 있어요. 또한 분명 미래에 해수면의 높이가 변할 것이라는 사실과 그것이 인류에게 엄청난 영향을 미치리라는 것도 알고 있지요.

▶ 이 푸른 지역은 그레이트바하마캐니언의 일부로, 미국 애리조나주 그랜드캐니언보다 2배 이상 깊어요.

## 물의 기원

지구의 물은 처음에 어떻게 생겨났을까요? 약 40억 년 전 화산이 폭발하면서 암석층에서 분출된 증기가 그 기원일 거라고 여겨지고 있어요. 지구의 대기를 채우던 증기가 식으면서 비가 되어 육지로 내려왔다는 것이지요. 바다가 물로 채워지는 데는 수백만 년이 걸렸고요. 물의 일부는 지구와 충돌한 얼어붙은 혜성에서 비롯되었을 수도 있어요. 5억 년 전까지도 지구의 생명체는 육지로 나오지 못하고 바닷속에만 있었답니다.

▶ 수억 년 전 혜성과 운석도 물과 광물을 지구로 가져온 것으로 보여요.

대서양(애틀랜틱 오션)은 그리스 신화의 거신족 아틀라스의 이름에서 따온 것으로, 아틀라스의 바다라는 뜻이에요.

모든 국제 무역의 90% 이상이 바다를 통해 이루어져요. 말하자면 바다는 하나의 거대한 쇼핑몰이라고 할 수 있지요.

북극해와 남극해는 지구에서 가장 오래된 대양이랍니다.

## 바다의 주인은 누구일까?

해안에 접한 대부분의 국가들은 해양법에 동의하겠다는 서명을 했어요. 해양법은 각국에게 해안으로부터 12해리(22.2km) 지점까지 권리와 책임을 부여해요. 이 조약의 목적은 해양 환경과 해양 사업을 보호하고, 바닷길을 계속 열어 놓는 거예요.

인도네시아의 코모도 국립 해양 공원의 바다에 사는 거대한 쥐가오리는 법으로 보호되고 있어요.

# 바닷물의 신비한 특성

물은 특별해요. 삶의 터전이 되어 주고, 자연 지형을 형성하며, 대기를 생성하는 힘을 가진 물은 지구상의 어떤 물질과도 다른 독특한 특성을 지니고 있어요. 바다에 대해 알아가다 보면, 왜 생명이 그곳에서 시작되었는지 알 수 있게 된답니다.

▼ 바닷물은 밀도가 높고 영양분이 풍부해서 3미터 길이까지 자랄 수 있는 개복치 같은 거대한 동물들에게 완벽한 보금자리가 되어 준답니다.

## 물에 뜨는 이유

물속에서 분자들은 공기 중에 있을 때보다 밀도가 더 높아져요. 즉 물속에서 분자들은 좀 더 촘촘하고 빽빽해지지요. 그리고 소금이 함유된 염수는 민물(담수)보다 밀도가 높아 무거운 동물의 체중을 지탱할 수 있답니다. 물은 차가울수록 무거워지고 가라앉기 때문에 깊은 바다에는 차갑고 짠 물이 층을 이루고 있어요. 물이 얼면 밀도가 낮아지는데, 그래서 얼음이 물 위에 뜨는 거예요.

▼ 스트로마톨라이트는 약 35억 년 전 생명체와 유사한 작은 유기체가 만들어 낸 언덕이에요. 이 퇴적물은 과학자들이 바다에서 생명체가 시작된 이유를 알아가는 데 큰 도움을 주었답니다.

## 거대한 수프

물은 가장 보편적인 용매(용질을 녹여 용액을 만드는 물질)랍니다. 바닷물에는 이산화탄소나 산소와 같은 용해된 가스, 염화나트륨(식염)과 탄산염과 같은 미네랄과 염분, 영양소, 그리고 미생물이 섞여 있어요. 만약 추출이 가능하다면, 지구의 모든 사람들이 각자 4킬로그램의 금괴를 얻을 수 있을 만큼 충분한 양의 금이 지구의 바다에 있답니다.

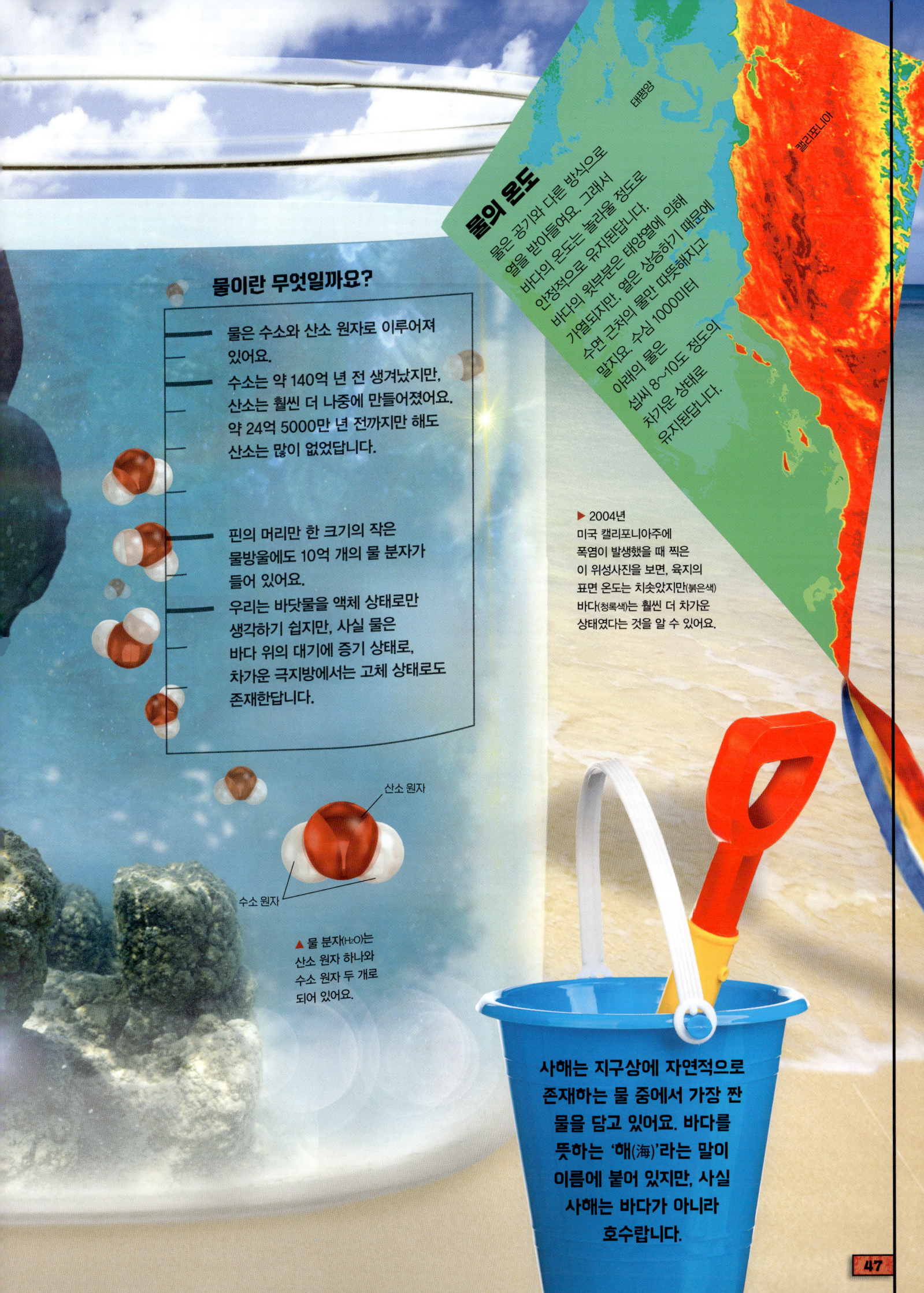

### 물이란 무엇일까요?

물은 수소와 산소 원자로 이루어져 있어요.

수소는 약 140억 년 전 생겨났지만, 산소는 훨씬 더 나중에 만들어졌어요. 약 24억 5000만 년 전까지만 해도 산소는 많이 없었답니다.

핀의 머리만 한 크기의 작은 물방울에도 10억 개의 물 분자가 들어 있어요.

우리는 바닷물을 액체 상태로만 생각하기 쉽지만, 사실 물은 바다 위의 대기에 증기 상태로, 차가운 극지방에서는 고체 상태로도 존재한답니다.

산소 원자

수소 원자

▲ 물 분자($H_2O$)는 산소 원자 하나와 수소 원자 두 개로 되어 있어요.

### 물의 온도

물은 공기와 다른 방식으로 열을 받아들여요. 그래서 바다의 온도는 놀라울 정도로 안정적으로 유지된답니다. 바다의 윗부분은 태양열에 의해 가열되지만, 열은 상승하기 때문에 수면 근처의 물만 따뜻해지고 말지요. 수심 1000미터 아래의 물은 섭씨 8~10도 정도의 차가운 상태로 유지된답니다.

태평양

캘리포니아

▶ 2004년 미국 캘리포니아주에 폭염이 발생했을 때 찍은 이 위성사진을 보면, 육지의 표면 온도는 치솟았지만(붉은색) 바다(청록색)는 훨씬 더 차가운 상태였다는 것을 알 수 있어요.

사해는 지구상에 자연적으로 존재하는 물 중에서 가장 짠 물을 담고 있어요. 바다를 뜻하는 '해(海)'라는 말이 이름에 붙어 있지만, 사실 사해는 바다가 아니라 호수랍니다.

# 거대한 퍼즐

지구의 껍데기인 지각은 거대한 판들로 이루어져 있어요. 이 지각판들은 땅속에서 작용하는 힘에 의해 늘어나고, 줄어들고, 변형되면서 바다 전체에 영향을 미친답니다. 이로 인해 바다는 끊임없이 변화하고 있지요.

## 중앙 해령

바다의 가장 큰 물리적 특징은 두 개의 해양판이 만나 분리되는 지각의 거대한 균열이에요. 이는 지구상에서 가장 큰 지질학적 특징이랍니다. 대양 중앙 해령이라고 불리는 이 거대한 균열은 지구 내부에서 분출되는 용암에 의해 발생하는 현상이에요. 용암이 식으면서 굳고, 이것이 새로운 지각을 만들어 내거든요. 이런 식으로 해양은 지금도 계속 넓어지고 있답니다.

마주한 두 개의 해양판이 서로 반대 방향으로 이동해 벌어져 있는 곳을 '발산경계'라고 불러요.

가장 빠르게 확장 중인 중앙 해령은 동태평양 중앙 능선 중 하나인 동태평양 해팽(해령보다 경사가 완만하고 기복이 적은 해저 지형)으로, 매년 최대 20센티미터까지 확장되고 있어요.(빨간색 부분)

## 베개 용암

용암이 바다 밑 갈라진 틈에서 분출되면 빠르게 식어서 단단한 암석이 됩니다. 표면이 수축하면서 타원형의 베개 모양을 이루게 된 것을 베개 용암이라고 불러요. 이 특이한 형태는 해령 주변에서 볼 수 있지요.

하와이에 있는 킬라우에아 화산 주변의 바다는 화산 활동을 목격할 수 있는 최적의 장소랍니다.

지하의 마그마가 판 경계에서 솟아오르고, 그것이 식으면 판 가장자리에 새로운 암석이 추가된답니다.

## 대륙의 변화

약 2억 5000만 년 전인 고생대 말에는 지구의 모든 대륙이 뭉쳐 한 개의 큰 대륙을 이루고 있었어요. 이를 판게아라고 하고, 판게아 주위의 큰 바다를 판탈라사(또는 판타랏사)라고 해요. 지각의 힘이 판게아를 분리시켰고, 8000만 년 후인 공룡 시대에 남쪽 대륙은 하나의 육지(곤드와나 대륙)로 합쳐졌어요. 이때 거대한 바다도 분리되었답니다.

1. 미로비아 (7억 5000만 년 전)
- 가설의 큰 바다

3. 현대의 바다

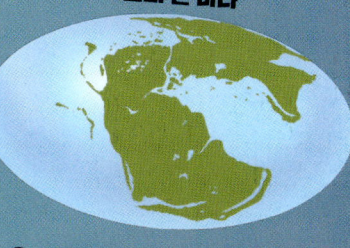
2. 판탈라사 (2억 5000만 년 전)

4. 2억 년 뒤 바다의 모습(예상)
(아마시아 대륙 주변)

### 큰 충돌

해양판이 대륙판과 만나면, 더 얇은 해양판은 가라앉아요. 이렇게 하나의 지각판이 또 다른 지각판 아래로 미끄러져 들어가면서 깊게 패인 형태의 해구가 형성되지요. 해구의 최대 깊이는 11킬로미터에 이른답니다.

5000만 년 동안 두 개의 해양판이 충돌하면서 안데스산맥이 생겨났어요.

수렴경계는 두 개의 판이 서로를 향해 이동하며 충돌하는 경계로(발산경계의 반대 현상), 한쪽 판이 다른 판 아래로 밀려나게 돼요. 이때 발생하는 에너지로 인해 지진이나 화산 폭발이 일어날 수 있어요.

해양판이 수렴경계에서 대륙판과 부딪혀 아래로 밀려 내려가면 대부분 맨틀 아래쪽에서 다시 녹아요.

# 이동하는 빙하

지구의 남쪽과 북쪽 끝은 너무 추워서 바다조차 얼어 있어요. 얼음이 녹으면 조각조각 떨어져 나가 해류를 따라 이동하지요. 얼음 조각들은 서로 충돌해 더 작은 조각이 되기도 하고, 산더미처럼 쌓여 빙산을 이루기도 한답니다.

## 점점 커지고 계속 움직이는 얼음

겨울이 되면 북극의 해빙은 점점 더 두꺼워지고 넓어져서 1500만 제곱킬로미터에 이를 수도 있어요. 때때로 얼음 덩어리 부빙이라고 하고, 매우 큰 얼음 덩어리를 얼음산이라고 못이 빙산이라고 불러요. 빙산의 대부분은 바다 수면 아래에 숨겨져 있어요. 엄청나게 큰 빙산은 얼음 섬(빙도)이라고 부르기도 한답니다.

▶ 북극 스발바르에 사는 북극곰들은 바다에 떠다니는 부빙에 의존해 생존을 이어가요. 북극곰이 먹이로 삼는 바다표범을 부빙들 사이에서 찾을 수 있거든요.

마지막 빙하기 동안 지구에 있는 물이 너무 많이 얼어서 해수면이 100미터나 내려갔어요.

## 미래의 대륙

과학자들은 미래에 또 다른 초대륙(아마시아)이 만들어질 것이고, 그로 인해 북극해가 사라질 거라고 예상한답니다. 현재의 대륙 이동을 통해 추정하자면, 지금으로부터 약 1억 년 뒤에는 아메리카와 아시아 대륙이 충돌하면서 북극이 운동 육지로 덮일 거라고 해요.

## 지금까지 측정된

가장 큰 빙산은 약 170미터 높이로, 미국 워싱턴 D.C.에 있는 워싱턴 기념비보다 조금 작은 정도예요.

## 방산에 대한 5가지 사실

1. 현재 바다에 떠 있는 방산들은 원래 육지에서 만들어진 얼음이거나 방산이 일부분이죠.

2. 방산의 얼음은 음료에 얼음으로 쓰이기도 해요. 그 얼음 안에 건혀 있는 공기는 3000년도 더 된 것일지도 몰라요.

3. 방산이 녹으면 방산에 있던 영양분은 물로 흘러가고, 플랑크톤은 방산 주변으로 많은 종류의 해양 생물들을 발견하곤 하지요.

4. 1912년에 타이태닉호가 방산에 부딪혀 침몰했어요. 이후 방산의 위험을 선원들에게 알리기 위해 국제방산순찰대가 만들어졌답니다.

5. B-15라는 이름의 거대한 방산은 총 면적이 자메이카의 크기와 거의 같아요.

## 줄어드는 북극의 얼음

북극의 얼음이 녹아 지금 사라지고 있어요. 10년마다 약 50만 제곱킬로미터의 얼음이 줄어들고 있답니다. 지구의 기후가 지질학적 시간에 따라 항상 큰 변화를 겪어 있지만, 현재의 온도 변화는 우려할 수준이에요. 북극의 얼음이 이런 속도로 계속 녹으면 전 세계 해수면이 상승하게 대규모 홍수가 발생할 수도 있어요.

▶ 노란색 선으로 예측하는 8월 북극의 얼음 최소량을 나타내요. 하단 부분은 그해 2012년 8월 26일에 실제 촬영한 얼음의 양이에요. 차이가 많이 나지요.

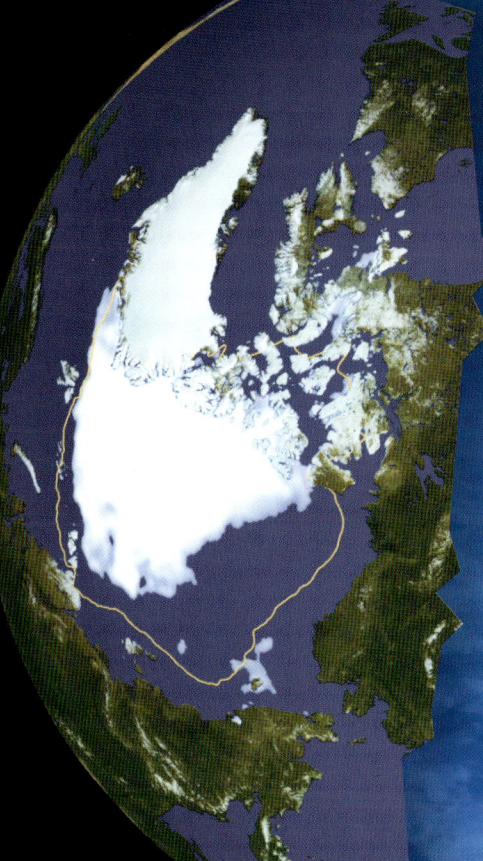

## 피오르 해안

▶ 거대한 방산은 이동하면서 지나는 곳의 주변을 깎아 내 이름다운 피오르 해안을 만들기도 해요. 여기 사진은 캐나다 북극 배핀섬의 멋진 피오르 풍경이에요.

빙하기에는 지금의 북극보다 훨씬 더 남쪽까지 거대한 방하들이 덮여 있었어요. 이후 지구가 따뜻해지면서 빙하가 이동하면서 그 주변이 깎여 나가 V자 모양의 계곡이 형성되었지요. 이 V자에 바닷물이 들어와 침수된 해안 지형을 피오르라고 불러요. 특히 많이 피오르는 스칸디나비아나 캐나다 같은 북극 지역에서 특히 많이 볼 수 있답니다.

## 북극 대 남극

| 북극 | 남극 |
|---|---|
| 북극해 : 북극은 해빙으로 덮여 있어요. | 극지방 : 남극에는 해빙이 없어요. |
| 부분적으로 얼어붙은 채로 유지되고 있는 얼음 바다예요. | 겨울에 해빙에 둘러싸이는 얼어붙은 땅이에요. |
| 해빙의 두께는 최대 5미터예요. | 남극의 해빙의 두께는 평균 1~2미터예요. |
| 북극에는 얼음 있어서 비나 눈이 거의 오지 않아요. | 남극해 주변에는 비와 눈이 자주 내려요. |

# 파도와 조수

바다는 변화무쌍하고 예측 불가능한 일이 벌어지는 곳이에요. 파도가 커지면 위험해질 수도 있지만, 조수(밀물과 썰물)는 실로 위대한 힘을 가지고 있어요. 조수와 파도는 태양과 달의 인력 때문에 일어난답니다.

보통 12.5시간마다 만조가 이어지고, 월별 조수 패턴도 나타나요. 가장 큰 조수인 대조는 태양, 지구, 달이 나란히 위치할 때 발생한답니다. 그들의 결합된 중력은 거대한 물 덩어리를 이동하게 하지요.

**소조**
달이 상현 또는 하현일 때 일어나는 조차가 작은 조석을 소조라고 해요.

**대조**
조석 간만의 차가 제일 큰 보름이나 그믐기의 조석을 대조라고 해요.

## 조석 또는 조수

조수는 태양 주위를 도는 지구, 자전하는 지구, 지구 주위를 도는 달이라는 세 개의 거대 천체가 움직인 결과로 나타난답니다. 이 천체의 인력 작용으로 해수면이 주기적으로 오르내리게 되지요. 만조 때에는 해수면이 올라가고, 간조 때에는 바닷물이 빠져나가 해수면이 낮아져요.

## 고요한 바다, 사르가소해

사르가소해는 북대서양의 일부를 구성하는 520만 제곱킬로미터 규모의 바다로, 매우 고요해요. 북대서양 해양 순환의 중심 가까이에 있어서 흐름이 거의 없답니다. 그래서 바닷말 같은 해조류가 큰 군락을 이뤄 둥둥 떠다녀요.

▲ 붉은바다거북은 멸종 위기에 처해 있지만, 어린 붉은바다거북들은 사르가소해에서 상어와 사람을 피해 안전하게 지낼 수 있어요.

## 파도

바람은 물 위를 지나면서 물을 휘젓고 파도를 일으켜요. 가벼운 바람은 잔물결을 일으키지만 최대 시속 60킬로미터의 강한 바람은 높은 파도와 거친 물결을 만든답니다. 가장 높은 두 파도 사이의 거리를 파장이라고 하는데, 최대 300미터 이상의 파장이 형성되기도 하지요.

▶ 대서양과 태평양이 만나는 칠레 케이프혼 남쪽 바다는 야생 지역으로 유명해요.

▼ 마우이의 페아히(파도가 너무 위험하기 때문에 죠스라고 부르기도 해요)에서 한 서퍼가 거대한 파도를 타고 있어요.

## 서핑

바닷물이 해안에 닿으면 거품이 이는 하얀 파도가 돼요. 큰 파도로 유명한 하와이 마우이의 페아히 해변은 이런 파도를 타는 서핑 장소로 인기가 많지요. 이곳의 파도 높이는 18미터 이상으로, 볏 모양으로 길게 이어지는 형태랍니다. 서퍼들은 주로 파도의 한가운데를 타는데, 그들 머리 위로 파도가 하얗게 부서진답니다.

## 괴물 파도

- 기이할 정도로 크고 불규칙적으로 밀려드는 파도가 있어요. 이것을 괴물 파도라고 부른답니다. 큰 배를 두 동강 낼 수 있는 힘을 가진 어마어마하게 강력한 파도지요.

- 역사상 가장 높게 기록된 파도는 1933년, USS 라마포호가 필리핀에서 미국 샌디에이고로 이동하던 때 발생했어요. 당시 파도가 초속 23미터의 속도로 34미터 높이에 이르기도 했답니다.

- 2000년부터 2013년 사이 중국에서는 263건의 괴물 파도 사고가 발생해 약 100명이 사망했어요.

# 날씨와 기후

공기, 물, 태양의 복사열은 다양한 기상 현상을 일으킨답니다. 물과 태양 에너지의 대부분은 바다에 저장되기 때문에, 바다는 세계의 기후 시스템에 결정적인 역할을 할 수밖에 없어요.

적란운(수직 방향으로 높게 발달한 구름으로 주로 소나기를 내리게 하는 구름)의 총 높이는 10킬로미터 이상이며, 하나의 거대한 구름은 **최대 22만 7000톤**의 물을 머금을 수 있어요.

## 물의 순환

지구상의 모든 물방울은 물의 순환이라고 불리는 거대한 순환 운동의 일부랍니다. 물의 순환은 지구에서 가장 크고 중요한 시스템 중 하나예요. 태양은 물이 움직일 수 있도록 에너지를 제공해 주지요.

증발된 바닷물의 **약 85%**는 비를 통해 다시 바다로 떨어져요. 나머지는 응축(기체가 액체로 변하는 현상)되기 전에 육지에 도달하지요.

1970년 11월, 서인도 제도의 과들루프섬에 38밀리미터의 엄청난 양의 비가 **단 1분 만에** 내렸어요.

**강수**
물방울이 커지면서 비, 우박, 또는 눈으로 떨어져요.

**응결**
수증기는 액체 상태로 냉각되어 구름을 만들어요.

**지표 유출**
물은 강물을 따라 아래로, 그리고 바다로 유입된답니다.

**증발**
태양 복사열이 육지와 바다의 물을 따뜻하게 데우고, 수증기로 변하게 해요.

**증산 작용**
식물의 증산 작용(잎의 뒷면에 있는 기공을 통해 물이 밖으로 빠져나가는 작용)으로 수증기가 생겨요.

**침투**
땅으로 스며든 물 역시 바다로 흘러가요.

## 저기압

태양이 광활한 바다를 데우면 그 위의 공기도 따뜻해지면서 위로 올라가요. 이런 과정이 때로는 열대성 폭풍이나 허리케인을 발생시키기도 한답니다.

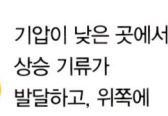

**1** 기압이 낮은 곳에서 상승 기류가 발달하고, 위쪽에 구름이 형성돼요.

**2** 공기가 저기압 지대로 이동하면서 빙글빙글 돌아요. 원형으로 도는 소용돌이 바람이 열대성 폭풍으로 발달해요.

**3** 바닷물과 바람이 열대성 폭풍으로 발달하면 강력해지면서 큰 피해를 낳게 되지요.

**4** 폭풍은 이동하면서 바닷물을 끌어올려요. 허리케인이 해안을 강타하면, 바닷물이 솟구쳐 육지를 덮치기도 해요.

**5** 힘차게 소용돌이치는 바람은 파괴적인 힘을 가졌지만 결국에는 에너지를 잃고 소멸하게 된답니다.

## 허리케인

위에서 보면 소용돌이치는 구름 덩어리처럼 보이지만, 그 아래에서는 아주 많은 일들이 일어나고 있어요.

**하강 기류** (차갑고 건조한 공기)

**태풍의 눈**
기압이 가장 낮고, 비교적 고요하며, 비가 오지 않고 구름도 없어요.

**상승 기류** (따뜻하고 습한 공기)

**강우**
폭풍의 눈 근처에는 몇 시간 안에 많은 비가 내릴 수 있어요.

**구름 벽**
소용돌이치는 구름은 우주에서 볼 때 갈비뼈 모양의 독특한 패턴을 이뤄요.

**회전**
해당 지역의 바람 패턴과 지구의 자전에 의한 코리올리의 힘(지구의 자전 방향으로 움직이려는 힘)이 허리케인을 서서히 회전시켜요.

**바람**
폭풍우 속에서 공기가 세차게 이동해요.

## 태풍의 등급

약 **위험**

중 **매우 위험**

강 **파괴적**

매우 강 **참사**

초강력 **대재앙**

## 에너지 절약

지구에 큰 바다가 없었다면, 여름은 훨씬 더 덥고 겨울은 훨씬 더 추웠을 거예요. 바다는 에너지를 잘 저장하기 때문에 지구의 기온을 조절하는 데 도움을 준답니다. 그래서 바다로 둘러싸인 북극이 육지로 둘러싸인 남극보다 평균 기온이 높은 거예요. 두꺼운 해빙은 북극에서 형성되지만, 아래 지역의 바다는 액체 상태로 유지된답니다.

가장 차가운 극지방의 바닷물은 **영하 2°C**이고, 가장 따뜻한 페르시아 만의 바닷물은 **36°C**예요.

북극해의 얼음은 겨울에 두께가 **5미터**에 이른답니다. 여름이 되면 얼음이 줄어들기는 하지만, 완전히 사라지지는 않아요.

# 섬의 탄생

열대 섬의 평온함 속에는 사실 지옥 같은 더위와 격렬한 수중 폭발이 일어나던 요란한 과거가 감춰져 있어요. 화산(볼케이노)은 로마 신화에 나오는 불의 신 불카누스의 이름을 딴 것으로, 바다에서 폭발하면 뜨거운 용암이 지글지글 끓다가 식으면서 유황 증기를 내뿜어요. 이러한 과정을 거쳐 새로운 섬이 생겨난답니다.

## 해저 화산

해저 화산은 세 개의 주요 지대로 이루어져 있어요.

### 확장 지대

검은 현무암질 용암이 해령에서 뿜어져 나오면서 넓게 퍼져요. 화산 분출물의 퇴적이나 해저의 융기에 의해 꼭대기 부분이 화산섬이 되기도 해요. 해령에는 많은 화산섬이 있을 수 있어요.

### 충돌 지대

두 개의 해양판이 충돌할 때, 하나는 다른 것 아래로 빨려 들어가 파괴됩니다. 화산은 종종 이러한 거대한 충돌 지역을 따라 형성되기도 해요.

### 열점 지대

지구 내부의 열이 특정 지역에 집중될 때 열점이 형성됩니다. 열은 암석을 녹이고, 화산을 만들어요. 지구의 판은 항상 움직이기 때문에, 기존에 형성된 화산은 열점에서 멀어지고 열점 주변에는 또 다른 화산이 생겨요. 이렇게 해서 여러 개의 화산이 줄 잇게 되는데, 이 중 열점에서 제일 가까운 가장 어린 화산만 활동을 계속해요.

## 생성 과정

**1 폭발과 과열**

지구의 지각이 부서지고 해저에서 화산이 폭발해요. 뜨거운 용암이 분출되면서 주변 바닷물을 뜨겁게 달궈요.

▲ 통가 근처에서 수중 화산이 폭발했어요. 증기와 연기, 화산재 기둥이 바다의 표면을 따라 퍼지고 있어요.

지글지글 끓는 바다

## 2 섬 생성

화산이 계속해서 폭발하고 분출된 용암이 식고 굳어서 화산 주변에 쌓이면 마침내 화산의 분화구가 해수면 위로 올라오게 되지요. 시간이 지남에 따라 용암과 화산재가 결합해 비옥한 토양을 만들고 동식물이 자리를 잡게 돼요. 그렇게 섬이 만들어지는 것이랍니다.

▼ 통가 근처의 작은 섬 훙가 하파이의 해저 화산에서 화산재가 공기 중으로 솟아올라요.

### TIPS

화산이나 기요(아래 참조)의 경사면은 산호가 자랄 수 있는 적절한 조건을 갖추고 있어요. 산호 주변에는 쏨뱅이와 같은 다양한 해양 생물이 살고 있답니다.

지구에서 만들어지는 마그마의 4분의 3 이상은 수중 화산 폭발의 분출이 차지해요.

## 3 침식

시간이 흐르면 화산 활동이 멈추고, 섬은 바닷물에 깎여 사라지지요. 파도 아래에는 평평한 정상의 해산이 남아요. 프린스턴 대학교에서 첫 지질학 강의를 열었던 교수 A.H. 기요의 이름을 따서 이것을 '기요'라고 불러요.

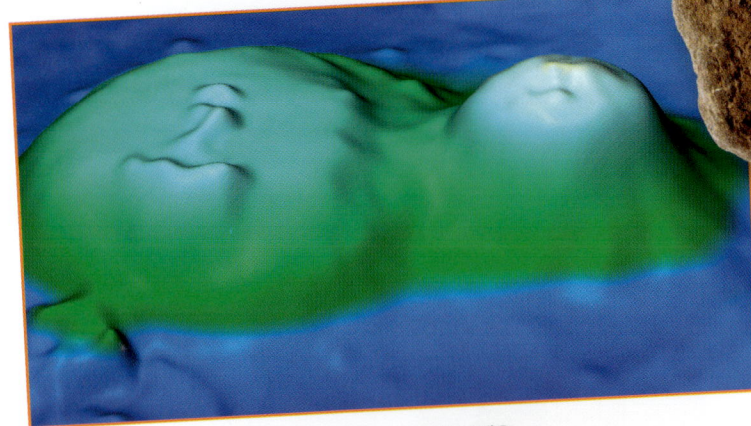

▲ 지중해에 있는 페르디난데아 화산의 3D 모델이에요. 이 쌍둥이 봉우리는 여러 번 자라났다 침식되기를 반복했어요.

# 산호초와 산호섬

산호초는 세계에서 가장 오래된 생태계 중 하나랍니다. 2억 1000만 년이 넘도록 존재해 왔거든요.

산호섬과 산호초는 우주에서도 보일 만큼 굉장히 크지만, 손톱보다 작은 수십억 마리의 동물들이 열심히 움직여서 만들어 낸 거예요. 이렇게 엄청나게 많은 다양한 생물들이 뒤엉켜 산호를 만들기 때문에 그 구조가 믿을 수 없을 정도로 복잡하답니다.

## 주요 서식지

산호초는 세계 바다의 약 1%를 차지하지만, 가장 중요한 해양 서식지 중 하나랍니다. 하나의 산호초에는 동물들이 살고, 숨고, 사냥할 수 있는 수많은 공간이 자리하고 있어요. 산호초는 알려진 모든 종류의 바다 생물 중 4분의 1을 품고 있고, 수십억 개의 유기체들이 살고 있는 보금자리랍니다.

▶ 몰디브는 세계에서 일곱 번째로 큰 산호초들의 집이자 가장 큰 두 개의 환초가 있는 곳이에요.

## 환초

산호초의 종류는 크게 거초(해양 섬이나 대륙 주변에 발달), 보초(육지에서 멀지 않은 바닷속에 길게 발달), 환초(대양 중앙에 발달)가 있어요. 환초는 화산 활동으로 만들어진 거예요. 화산이 사라지면서 아름다운 원형 구조(환초)가 모습을 드러내는데, 중앙에는 얕은 석호가 있고 바깥쪽은 깊은 바다와 맞닿아 있는 것이 일반적인 형태예요.

▶ 환초가 만들어지는 데에는 적어도 10만 년이 걸린답니다.

1. 산호 폴립이 화산섬 근처 얕은 물가에서 군락을 형성합니다.

2. 파도에 의해 화산섬의 표면이 깎이고 해저도 가라앉아요. 그로 인해 화산섬은 밑으로 서서히 내려가며 사라집니다. 산호는 위쪽으로 고리를 만들어 산호초의 윗부분이 표면에 머물도록 해요.

3. 산호초는 계속해서 자라면서 환초와 아름다운 푸른 석호를 만들어요.

## 찰스 다윈의 발견

자연과학자 찰스 다윈(1809~1882)은 사라진 화산 주변에 산호초가 형성될 수 있다고 처음 이야기한 사람이에요. 1942년 비키니 환초에 깊은 구멍을 뚫어 바닥에 화산암이 있는 것을 발견했는데, 이로써 그의 말이 옳다는 것이 증명되었지요. 비키니 환초는 1946년에 원자 폭탄 실험 장소로 쓰였답니다.

▶ 찰스 다윈의 저서 《산호초의 구조와 분포》에 산호섬의 그림이 실려 있어요.

## 몰디브

몰디브는 따뜻한 인도양에 있어요. 가라앉은 화산 산맥은 26개의 환초로 둘러싸여 있으며, 그 사이에 약 1200개의 산호섬, 산호초, 모래언덕이 있지요. 몰디브의 수도 말레는 환초의 일부였던 섬에 있는데, 전체 섬의 평균 해발고도는 1.5미터에 불과하답니다. 만약 해수면이 높이 상승한다면, 몰디브는 바다 밑으로 사라질지도 몰라요.

▼ 몰디브의 환초는 75개의 섬을 포함하고 있으며, 그중 57개에는 사람이 살지 않아요.

## 뛰어난 건축가

산호 폴립은 특정한 조건에서만 번성하는 까다로운 생물이에요. 따뜻하고, 깨끗하고, 짠 물과 성장을 위한 단단한 바위, 그리고 많은 햇빛을 필요로 하지요. 산호는 부드러운 몸 주위에 있는 컵 모양의 구조에서 미네랄이 풍부한 물질을 분비해요. 시간이 지남에 따라 이 컵들은 오스트레일리아의 그레이트배리어리프와 같은 지질 구조를 형성한답니다.

▲ 노란 산호 폴립은 먹이를 잡는 촉수를 물속으로 뻗어 작은 표류 동물들을 사냥해요.

# 아직 완전히 알 수 없는 바닷속 세상

## 지구에서 가장 큰 동물 서식지

심해는 해수면 아래 약 200미터부터 어둡고 음침한 바다까지 이어져요. 바다는 지구 일부의 가장 큰 서식지로, 바다의 80% 공간에서 생물들이 살아간답니다. 깊고 어두운 해저에는 생명체가 없다고 여겨져 왔지만, 빛이 없고 압력이 높은 해저에도 그런 환경에 적응한 다양한 생물들이 있다는 것이 밝혀졌지요.

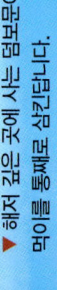
▶ 해저 깊은 곳에 사는 염불어는 먹이를 통째로 삼킨답니다.

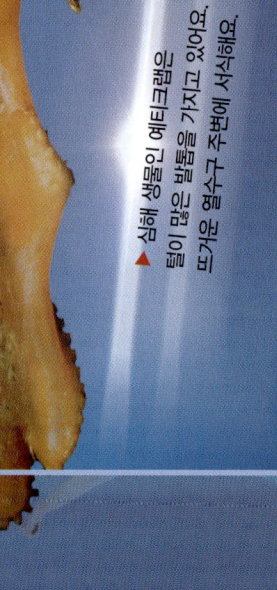
▶ 심해 생물인 에테크랩은 털이 많은 발톱을 가지고 있어요. 뜨거운 열수구 주변에 서식해요.

▶ 익족류는 날개 모양의 깃털을 가진, 헤엄치는 연체동물이에요. 주로 바다 절벽과 협곡 주변에 살아요.

## 심해 평원

물의 파괴적인 힘은 바다 깊은 곳에서도 계속됩니다. 물의 힘은 해저에서 거대한 협곡을 형성하고, 많은 양의 침전물을 만들어요. 약 4000미터 깊이의 해저에는 평평한 바닥이 펼쳐져 있는데, 그것을 심해 평원이라고 불러요. 심해 평원은 해저의 절반을 차지하는, 지구상에서 가장 큰 단일 환경이에요. 모래진흙, 진흙, 모래, 그리고 죽은 동물의 유해는 수억 년에 걸쳐 이곳에 쌓이고, 그 깊이는 최대 1000미터에 이른답니다.

## 심해 지대

지구에서 가장 춥고 거대하고 인상적인 특징들 중 일부는 바다 아래에 있어요. 하지만 바닷속은 너무 어둡고 깊어서 전체를 다 볼 수가 없지요. 잠수함의 불빛도 제한된 지역만을 비추기 때문에 우리가 바다에 대해 알 수 있는 것은 매우 적답니다.

▲ 수천 마리의 거대한 붉은 서관충과 스콰잇 로브스터가 블랙스모커 주변에 모여 있어요.

## 암석에 남은 기록

2억 년간 축적된 지구의 지질학적, 생물학적 역사는 바다의 바닥에서 발견할 수 있어요. 해양 퇴적물과 암석을 연구함으로써 과학자들은 고대 기후가 어떻게 변화했는지, 그리고 어떻게 현재의 기후를 더 잘 예측할 수 있는지에 대해 알아낼 수 있어요.

▲ 유인 잠수정인 자오룽은 로봇 형태의 팔로 해저 7킬로미터 깊이의 퇴적물을 수집해요.

## 뜨거운 바다

지구 내부의 열이 빠져나가는 해저 화산과 해령 주변에서는 최고 섭씨 400도에 이르는 물이 해저의 암석으로 인해 수증기로 바뀌어요. 이 열수구를 통해 뿜어져 나와요. 이 뜨거운 물이 차가운 바닷물과 섞이면서 그 안에 있던 광물이 가라앉아 열수구 근처에는 퇴적물이 쌓이는데, 굴뚝처럼 보이는 이것을 열수분출공이라고 해요. 열수에 녹아 있는 성분에 따라 블랙스모커(검은색 분출물) 또는 화이트스모커(흰색 분출물)로 나뉘지요. 지금까지 발견된 가장 큰 열수분출공은 '고질라'이고, 16층짜리 건물 높이에 해당하는 45미터였어요.

## 해저 탐사

### 해구

해양판이 대륙판과 만나면 해양판이 쪼개지고, 하나의 판이 다른 판 아래로 미끄러져 들어가면서 깊은 해구가 형성된답니다. 해구는 지구 표면에서 가장 깊고 깊은 곳으로, 움푹 들어간 지형을 이뤄요.

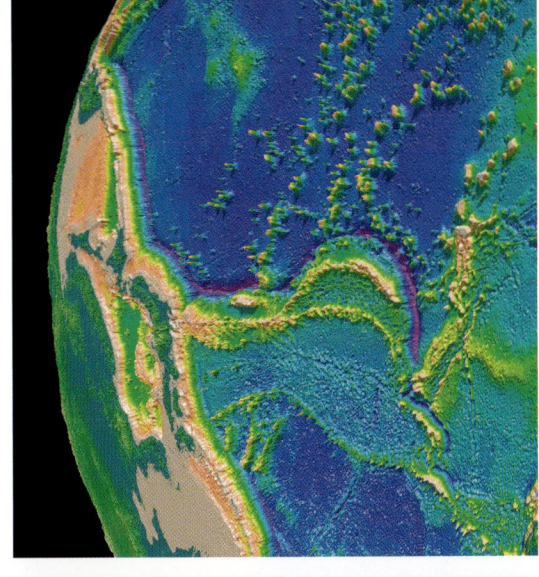
▲ 컴퓨터로 모델링을 해 보면 지구에서 가장 깊은 지점인 마리아나 해구(보라색) 주변의 지형물리적 특징을 볼 수 있어요.

# 바다가 세운 신기록

바다는 지구에서 가장 거대한 서식지이자 제일 신비로운 곳이에요. 그런 만큼 당연히 신기록도 가장 많이 보유하고 있답니다! 얼마나 대단한 곳인지 한번 알아 볼까요?

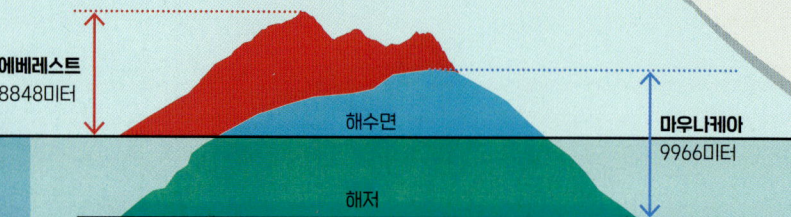

### 가장 높은 산: 마우나케아산

산의 높이는 보통 해수면에서 정상까지 측정하는데, 그러면 에베레스트산의 봉우리가 육지에서 가장 높아요. 하지만 해저부터 꼭대기까지 측정한다면, 화산섬인 마우나케아가 에베레스트산보다 훨씬 더 높답니다.

### 가장 깊이 다이빙하는 동물: 향유고래

해양생물학자들은 수심 1200미터 깊이까지 내려가는 향유고래를 추적하면서 연구해 왔어요.

### 가장 센 조류: 시속 40킬로미터

**살츠스트라우멘**

조수가 좁은 수로로 밀려들면, 보트를 부수고 큰 물체를 해저로 끌어당길 수 있을 만큼 강력한 소용돌이가 발생할 수 있어요. 노르웨이에 있는 살츠스트라우멘 해협은 세계에서 가장 강하고 격렬한 조류와 소용돌이가 일어나는 해협이에요. 만조가 되면 많은 양의 물이 시속 40킬로미터 속도로 맹렬하게 소용돌이치며 빠져나간답니다.

거대한 향유고래는 또 하나의 기록을 가지고 있어요. 세상에서 가장 큰 뇌(무게 7.7킬로그램)를 가지고 있거든요. 개의 뇌보다 100배나 더 무겁답니다.

### 가장 짠 바닷물: 홍해

대부분의 바다보다 **11배**나 짜요.

## 가장 큰 동물: 흰긴수염고래

흰긴수염고래는 지금까지 지구에 살았던 동물들 중에서 덩치가 가장 크답니다. 무게는 최대 180톤으로 공룡의 최대 추정치보다 2배나 무겁고, 혈관은 어린 아이가 헤엄쳐 지나갈 수 있을 정도로 두꺼워요.

흰긴수염고래의 심장은 자동차 크기만 해요.

흰긴수염고래의 길이는 30미터로, 티라노사우루스보다 2배나 더 길답니다.

### 가장 큰 식물 : 자이언트 켈프

지구에서 가장 크고, 또 빠르게 자라는 식물인 자이언트 켈프는 해저에서 거대한 숲을 이루고 있어요. 한 줄기가 무려 30미터까지 자랄 수 있답니다.

## 가장 높은 파도: 알래스카, 1958년에 기록

**100층짜리 건물보다 더 높은 520미터까지 치솟았어요.**

1958년 알래스카에서 지진이 일어났어요. 그로 인해 암석이 떨어지면서 가장 큰 파도가 기록되었답니다. 수백만 톤의 암석이 좁은 만으로 떨어져 충돌하면서 생긴 충격으로 큰 물보라가 일었고, 곧 거대한 규모의 파도가 몰아닥쳤어요. 파도는 만을 휩쓸어 버렸고, 최고조에 다다랐을 때에는 수백만 그루의 나무들이 뿌리째 뽑혔답니다.

100층짜리 건물

# 바다의 소리

깊은 바닷속에서는 아무런 소리도 들리지 않을 것 같겠지만, 사실 바다는 굉장히 다양하고 신비로운 소리로 가득하답니다. 많은 해양 생물들이 소리를 내고, 서로 들을 수 있어요.
해양의 소리에 대한 연구는 오래되지 않아서 아직 정보가 많지는 않아요.

◀ 돌고래들은 모래에 묻힌 물고기를 찾기 위해 반향위치측정이라는 감각을 사용해요.

## 소리의 속도

짠 바닷물 속에서 소리는 초당 1.5킬로미터의 속도로 이동해요. 공기 중에서보다 약 5배 더 빠르게 전달되지요. 사람의 귀는 공기 중의 음파를 들을 수 있게 되어 있어서 물속에서는 소리를 잘 듣지 못해요.

작동 중···

## 바닷속 소음

해저에서 광물을 캐 내는 작업은 엄청난 소음을 일으키고, 해양 생물들에게 피해를 줘요. 그래서 해저 석유 채굴기(시추기)를 커튼 모양의 거품(기포막)으로 둘러싸는 해결책이 등장했지요. 기포막은 음파의 이동을 막기 때문에, 고래들은 고요한 평화를 즐길 수 있답니다.

◀ 미국 텍사스 대학의 연구원들은 소음 공해를 줄여 주는 기포막의 효과를 연구하고 조사했어요.

바닷물은 전파를 흡수하기 때문에 방수 휴대폰이라고 해도 바닷속에서는 작동하지 않아요!

## 이번 주 1위 곡

▲ S음파는 음파 통로에서 매우 느리게 이동하지만, 이 낮은 주파수에서 음파는 먼 거리를 이동할 수 있어요.

## 음파 통로

일정 수심에서 음파를 가두어 전달해 주는 층이 있어요. 그것을 음파 통로라고 한답니다. 최소 음속점을 축으로 도파관이 형성되어 아주 먼 거리까지 음파를 전달할 수 있어요. 의사소통을 원하는 수염고래는 이곳에서 울음소리를 낸답니다.

## 음파 탐지

소나(수중 음파 탐지기)는 수중 물체의 위치를 파악하고 깊이를 측정할 때 사용되는 음향 시스템이에요. 물체를 향해 음파를 보내고 그 물체에서 반사된 음파를 측정해 그것이 어떤 모양이고, 얼마나 크며, 어디에 있는지 계산할 수 있지요. 박쥐, 고래, 돌고래 같은 동물들은 반향위치측정이라는 감각을 사용하는데, 소나와 비슷한 시스템이랍니다.

▶ 이 음파 탐지기의 이미지는 미국 캘리포니아의 대륙붕을 측정한 거예요. 흰색은 가장 얕은 곳이고, 파란색은 가장 깊은 곳을 나타내지요.

## 추천곡

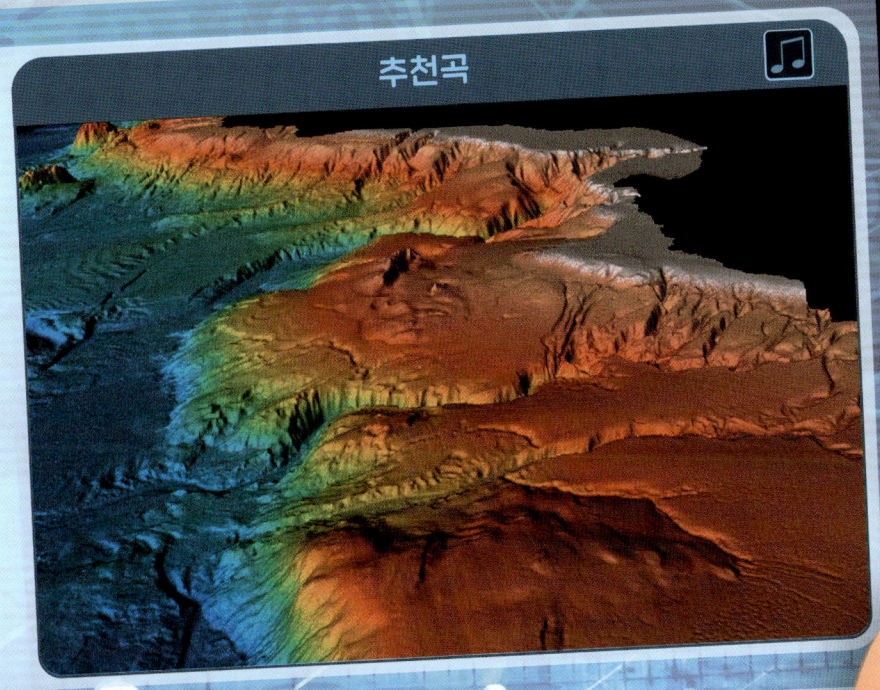

## 개봉박두

## 공기 반사

소리는 침전되어 있는 석유와 가스를 찾는 데에도 사용된답니다. 거대한 공기총으로 압축된 공기를 해저로 쏘면 돌아오는 소리(메아리)가 매장된 탄화수소를 찾아주지요. 이 소리가 해양 야생 생물에게 미칠 수 있는 영향은 아직 완전히 밝혀지지 않았어요.

◀ 공기총은 바다로 내려가 다이너마이트 같은 폭발을 일으켜요.

# 바닷속 풍경

바닷속에는 숨 막힐 정도로 아름다운 색깔이 있어요.
푸른색의 물과 야광 문어, 주황색 새우가 어우러져 화려한 모습을 연출하지요.
그런데 사실 이렇게 보이는 데는 과학적인 이유가 있어요.
광활하고 화려하면서 고요한 바다의 모습이
어떻게 만들어지는지
알아 볼까요?

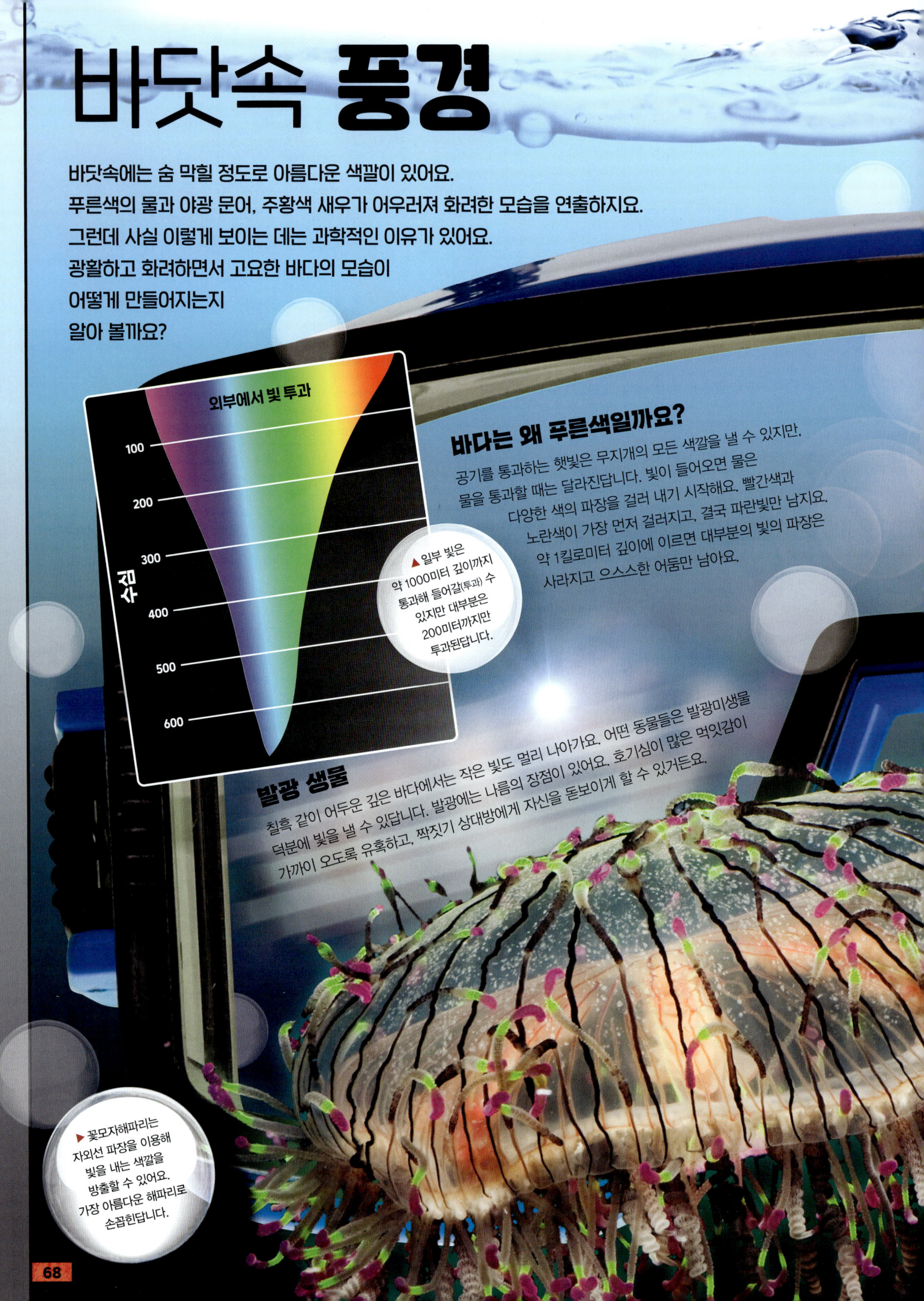

외부에서 빛 투과

깊이

## 바다는 왜 푸른색일까요?

공기를 통과하는 햇빛은 무지개의 모든 색깔을 낼 수 있지만, 물을 통과할 때는 달라진답니다. 빛이 들어오면 물은 다양한 색의 파장을 걸러 내기 시작해요. 빨간색과 노란색이 가장 먼저 걸러지고, 결국 파란빛만 남지요. 약 1킬로미터 깊이에 이르면 대부분의 빛의 파장은 사라지고 으스스한 어둠만 남아요.

▶ 일부 빛은 약 1000미터 깊이까지 통과해 들어갈(투과) 수 있지만 대부분은 200미터까지만 투과된답니다.

## 발광 생물

칠흑 같이 어두운 깊은 바다에서는 작은 빛도 멀리 나아가요. 어떤 동물들은 발광미생물 덕분에 빛을 낼 수 있답니다. 발광에는 나름의 장점이 있어요. 호기심이 많은 먹잇감이 가까이 오도록 유혹하고, 짝짓기 상대방에게 자신을 돋보이게 할 수 있거든요.

▶ 꽃모자해파리는 자외선 파장을 이용해 빛을 내는 색깔을 방출할 수 있어요. 가장 아름다운 해파리로 손꼽힌답니다.

## 바닷물의 색깔

바닷물의 색깔은 다양하게 표현되어 왔어요. 초록색, 갈색 거품, 사파이어빛 등 여러 방식으로 불려 왔지요. 대부분의 바닷물은 붉은빛을 흡수하고 파란빛을 반사하기 때문에 파란색으로 보여요. 해안 근처의 바닷물은 많은 암석, 진흙, 모래진흙 입자들이 섞여 있어 탁한 갈색으로 보인답니다. 하늘의 색깔에 따라 바다 색이 달라지기도 해요. 바다는 파란색이나 회색의 하늘을 반사하는 거대한 거울과 같거든요.

붉은빛의 흡수가 약하면 청록색으로 보여요.

많은 양의 플랑크톤은 물을 밝은 녹색으로 보이게 만들어요.

비와 바람은 어두운 색의 거품이 이는 바다를 만들어요.

## 검은색과 파란색

청록색이나 옥색의 바다는 거대한 해양 싱크홀을 둘러싸고 있기도 해요. 짙은 파란색의 이 지역은 주변의 바다보다 더 차갑고, 깊고, 어둡고, 고요하답니다. 이런 특이한 해양 지형을 탐사하는 일은 위험할 수 있어요. 잘 보이지 않을 가능성이 크고, 유독성의 수층이 있을 수도 있거든요.

▲ 바하마의 안드로스 블랙홀은 350만 년 전의 바다처럼 산소가 없는 거대한 해양 싱크홀이에요.

## 빨간색

깊은 바닷속에는 빨간색을 띠는 동물들이 많아요. 빨간색은 물속에서 투명 망토 역할을 하거든요. 얕은 물에서 붉은색 물고기는 붉은빛의 파장을 반사하기 때문에 더 붉게 보여요. 깊은 곳에서는 붉은색 파장이 거의 투과되지 않아 반사할 붉은빛이 없어요. 그래서 아주 깊은 곳에 사는 빨간 물고기들은 다른 모든 빛의 파장을 흡수하고 주변 환경과 섞여 검은색으로 보인답니다.

▲ 심해 보리새우는 우리에게는 밝은 주황색으로 보이지만, 심해 포식자에게는 보이지 않아요.

# 해양의 보물과 쓰레기

바다는 광물부터 플랑크톤 곰급되는 식량까지 인류에게 많은 것을 제공해 주는 고마운 존재랍니다. 그리고 자연 속 다른 곳과 마찬가지로 나름의 생태계를 이루고 있지요. 하지만 인류는 바다를 소중하게 돌보지 않았어요. 바다의 건강은 인류의 미래와 떼려야 뗄 수 없는 것임에도 불구하고 말이에요.

## 선업 폐기물 문제

수천 년 동안 사람들은 바다를 쓰레기 처리장으로 사용해 왔어요. 최근에는 산업 폐기물이 해양에 쓰레기 문제를 더욱 심각하게 만들고 있지요. 바다는 정기적으로 버려지는 살충제, 제초제, 질소 비료, 세제, 식료, 하수, 제약 및 기타 산업 화학 폐기물로 오염되고 있어요.

▶ 산업염은 비료에 사용되는 물질이에요. 북아프리카의 인산염 공장에서 나오는 폐기물이 바다로 버려지고 있어요.

## 버려지는 바다 생물들

상업을 위한 어업에는 직경 60미터에 이르는 저인망을 사용해요. 이 그물이 바다에서 잡히는 모든 것들을 끌어올리지요. 필요하지 않은 해양 생물들은 죽은 채로 다시 바다에 버려져요. 전 세계적으로 매년 포획된 해양 생물의 2700만 톤이 버려지는 것으로 추정된답니다.

▶ 새우 잡이용 그물에 두릅상어도 게도 함께 잡혀요. 이들은 곧 버려지게 되지요.

## 바다에 버려지는 쓰레기

사람들은 수세기 동안 바다에 쓰레기를 버려 왔어요. 현재 우리가 바다에 버리는 모든 쓰레기의 80%가 플라스틱으로 만들어진 것이라고 추정적으로 플라스틱이 가장 큰 문제는 자연적으로 분해되지 않는다는 점이에요. 물에페트병 작은 조각으로 쪼개질 뿐이고, 결국 고래부터 물랑크톤에 이르기까지 수십억 마리의 야생 동물이 실수로 먹어 버리고 말지요.

▲ 푸른바다거북이 비닐봉지를 먹이로 착각하고 먹어요.

70

## 바다의 보물

인류가 바다에서 얻는 것은 어류뿐만이 아니랍니다. 바다에는 줄에서 나오는 진주나 해면(동물의 일종) 등 또 다른 보물들이 많이 있어요. 진주는 자연적으로 생겨나지만 지금은 진주를 얻기 위해 굴을 양식해요. 양식을 통한 진주 산업이 지배적인 셈이지요.

▲ 피지 마을의 수입과 일자리는 진주 산업에 의존해요. 하지만 이로 인해 바다는 고통을 받고 있지요.

## 석유 시대

해양인들의 주된 수입, 식탁, 석유와 천연가스 연료에 의존해요. 석유와 천연가스 연료는 개대한 저장소에서 가스는 바닷속 깊은 석유와 가스 산업은 추출되고요. 석유와 돈이 위험하지만 비용이 많이 돈이 사업이에요.

▲ 석유 굴착 장치는 해저 깊숙이 우물을 파서 기름을 추출해요. 석유는 연료와 플라스틱을 만드는 데 사용되지요.

## 대량 포획

오랫동안 바다 생물들 대량으로 포획해 동남아시아 주변 해역에서 쉽게 잡을 수 있어요. 상업적으로 이용하는 어업이 이루어져 왔어요. 현재 상업용 어업의 연간 총 수확량은 8500만 톤을 넘어서고 있고, 어류는 전 세계적으로 가장 큰 단백질 공급원으로 여겨지고 있어요.

▶ 인도산 고등어는 해안에서 가까운 곳에 서식하기 때문에 동남아시아 주변 해역에서 쉽게 잡을 수 있어요.

## 플라스틱으로 만든 배

환경운동가인 대비드 드 로스차일드는 2010년에 1만 2500개의 빈 플라스틱 물병으로 만들어진 쌍동선을 타고 선원들과 함께 태평양을 횡단했어요. 그는 플라스틱이 쓰레기 매립지나 바다에 버려지지 않고 재활용될 수 있다는 것을 보여 주었답니다. 이 여정은 128일이 걸렸고, 총 1만 2900킬로미터를 항해했어요.

▲ 재활용된 플라스틱으로 만든 선박 플라스키가 시드니 항구로 들어오고 있어요.

2010 3월

# 해양 재해

바닷속에서는 많은 일들이 일어나고 있고, 그중에는 우리가 전혀 알지 못하는 일도 있어요. 어떤 것들은 사람에게 큰 영향을 끼치기도 하고, 때로는 치명적일 수도 있지요. 전문가들은 미래의 바다에서는 더 많은 일들이 일어날 것이고, 또 더 많은 생명이 위험해질 수 있다고 경고하고 있어요.

# 태풍 재해

지구 역사상 가장 치명적이었던 허리케인은 1780년 대서양을 가로지르며 질주하다가 카리브해에 이르러 2만 명 이상의 목숨을 빼앗아 갔어요. 심지어 튼튼한 수천 채의 석조 건물마저 강력한 바람에 무너졌지요. 태풍이 지나는 자리에 있던 40척 이상의 배들이 침몰했고, 선원들은 모두 목숨을 잃었답니다. 나무도 다 뽑혀 버렸고요.

2007년 허리케인 딘의 사진이에요. 이 거대한 폭풍은 대서양에서 강해졌고, 멕시코만과 카리브해를 향해 서쪽으로 이동했어요.

허리케인이 빈번하게 발생하는 시기는 9월로, 특히 멕시코만과 카리브해가 위험 지역이에요. 5등급 이상의 태풍이 다른 곳보다 이곳에서 더 많이 발생해요.

## 메가 쓰나미

지구의 시스템에 예상치 못한 움직임이 발생하면 재앙이 일어날 수도 있어요. 해양 나스카판과 칠레 서부의 남아메리카판이 만나 충돌하면서 큰 지진이 일어났을 때 넓은 지역에 걸쳐 대규모 쓰나미가 발생했어요. 이 쓰나미는 알래스카에서 오스트레일리아까지 영향을 미쳤고, 이로 인해 500명이 넘는 사람들이 사망했어요.

이 참사는 2010년 2월 27일 칠레에서 발생한 대규모 지진에서 시작해 약 30분 만에 쓰나미로 이어졌어요.

## 화산 재해

한때는 평화로웠던 마르티니크섬에는 단 두 명의 생존자만이 남았어요. 몽펠레 화산이 폭발하면서 겨우 2분 만에 약 3만 명의 목숨을 앗아갔답니다. 그 참사에 대한 기사를 한 번 읽어 보세요.

1902년 몽펠레 화산이 폭발해 생피에르 마을을 파괴했어요. 생피에르는 유독 가스와 화산재 등의 화산 분출물로 덮였고, 마을 주민 대부분이 사망했어요.

발트해의 생태계는 오염으로 인해 많은 부분이 '죽었다'고 여겨질 정도로 망가졌어요.

## 진짜로 죽어 버린 바다

발트해는 오랫동안 관광객들에게 즐거움을 선사한 아름다운 곳이었지만, 이제 이곳의 미래는 암울한 것을 넘어 위험해 보인답니다. 발트해는 대양과 단절되어 있는 내해로, 천해인 데다가 염분도 적은 곳이에요. 그런데 농장 쓰레기와 오수의 방류로 인해 이 바다의 생태가 변화하기 시작했어요. 또 식물성 플랑크톤 때문에 물이 더럽고 걸쭉한 녹색으로 바뀌고 있지요. 산소가 없는 지역에서는 어떤 생명도 살 수 없으며, 전문가들은 이제 이곳에서의 물놀이가 위험하다고 경고하고 있어요.

# 태평양

태평양은 지구의 모든 땅을 합친 것보다 더 크답니다. 이 광활한 대양은 엄청난 부피와 깊이로도 유명하지만, 다양한 생물의 서식지이자 대규모 지질 활동이 일어나는 곳이고 아름다운 풍경을 가진 곳이기도 해요.

## 알류샨해구

태평양의 대부분은 하나의 지각판인 태평양판 위에 놓여 있어요. 이 판의 경계에는 지구상에 존재하는 모든 화산의 75%가 존재하고, 지진의 90%가 일어나는 환태평양 화산대가 있답니다. 가장 북쪽에는 태평양판이 북아메리카판 아래로 가라앉아 생겨난 알류샨해구가 있어요. 1912년, 알래스카 카트마이산의 화산 폭발은 20세기에 일어난 가장 큰 화산 폭발이었어요.

## 수심

전 세계 해양의 평균 수심은 약 3800미터예요. 가장 깊은 지점은 1만 911미터까지 내려가는 태평양의 마리아나해구 챌린저 해연이랍니다. 만약 에베레스트산이 마리아나해구에 놓였다면, 꼭대기는 여전히 해수면 2킬로미터 아래에 있었을 거예요.

태평양의 면적은 **달**의 4배 이상이에요.

세계 어류의 **60%**가 태평양에서 잡혀요.

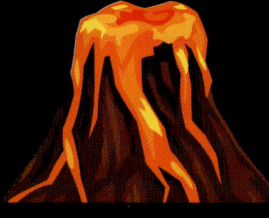

환태평양 화산대에는 **452개**의 화산이 있어요.

## 줄어드는 바다

대서양과 인도양은 커지고 있는 반면, 태평양은 줄어들고 있어요. 해양판이 지각 아래로 가라앉는 섭입대가 많이 분포되어 있기 때문이지요. 1년에 약 0.5제곱킬로미터씩 줄어들고 있답니다.

엑손 발데스 유조선

▶ 엑손 발데스 유조선 참사 이후 알래스카섬 해안에서 기름으로 덮인 바위를 청소하는 모습이에요.

알류샨해구

카트마이산

북동태평양 분지

하와이 해령

북태평양 분지

## 원유 유출 사고

태평양에는 엄청난 양의 석유와 천연가스가 매장되어 있어요. 남중국해 분지에만 적어도 110억 배럴의 석유와 2548세제곱킬로미터의 가스가 매장되어 있다고 해요. 탄소 연료를 추출하고 옮기는 일은 위험할 수 있어요. 1989년 유조선 엑손 발데스가 알래스카만에서 암초에 부딪히면서 태평양에서 가장 파괴적인 재난 중 하나가 발생했어요. 이로 인해 원유가 유출되었고, 2100킬로미터에 이르는 해안선을 오염시켰어요. 해안에서 석유를 제거하고 야생 동물을 구하기 위한 노력이 수개월에 걸쳐 이어졌지만, 완전히 복구되지는 못했답니다.

태평양의 카페인 함유량은 엄청나게 높은 수준이에요. 하수로부터 바다로 흘러들어가 태평양에 도달했지요.

태평양 해안선의 길이는 **약 13만 6000 킬로미터**에요.

동태평양 해령

이스터섬

▼ 캘리포니아 해안의 울창한 켈프(해초) 숲은 해달에게 완벽한 서식지랍니다.

## 이스터섬

이스터섬은 폴리네시아 제도에 속해 있는 작은 화산섬이에요. 거대한 석조 조각인 모아이 석상으로 유명하지요. 아주 오래전 고대인들이 이곳에 정착해 모아이 석상으로 대표되는 문명을 이룩했지만, 섬의 제한된 자원을 대책 없이 마구 쓰는 바람에 결국 이 문명은 사라지고 말았답니다.

태평양 해저의 절반은 육지에서 온 황토로 덮여 있어요.

## 해양 동물 서식지

태평양에는 몬테레이만, 캘리포니아만, 갈라파고스 제도, 투바타하 암초, 코모도섬을 포함해 세계에서 가장 중요한 해양 야생 동물 보호 구역이 있어요.

# 바다와 육지가 만나는 곳

해안선은 지구에서 가장 활발한 변화를 겪는 곳으로, 파도와 날씨의 영향으로 끊임없이 바뀌고 있어요. 육지와 바다가 만나 변화무쌍한 지형적 변화를 거듭하는 해안선에는 그만큼이나 다양한 생태가 존재한답니다.

맹그로브(강가나 늪지에서 뿌리가 지면 밖으로 나오게 자라는 열대 나무) 습지의 육지와 바다 경계선은 해양 숲으로 인해 흐릿하게 보여요. 방글라데시 남서부 끝 인도와의 국경 근처에 위치한 순다르반은 세계에서 가장 큰 맹그로브 늪이랍니다. 이 늪은 세 개의 강 하구가 만나는 벵골만에 형성되어 있어요. 면적은 약 3900제곱킬로미터이며, 벵골호랑이를 포함한 40종 이상의 포유류가 살고 있지요.

## 거대한 서식지

치탈사슴은 순다르반에서 맹그로브 나무 열매 같은 것들을 찾아 먹어요. 짠 물에서도 나무는 잘 자란답니다.

## 다뉴브 삼각주

다뉴브강의 토양과 퇴적물은 흑해로 쏟아져 들어와 삼각주에 강대한 습지대를 형성해요. 이 습지대는 다양한 동물의 서식지로, 전 세계 흰펠리컨의 70%가 이곳에 살고 있으며, 약 330종의 조류가 서식하고 있답니다.

해양공포증은 해양이나 바다에 대한 두려움을 느끼는 것을 말해요.

프랑스 에트르타에 있는 아발 절벽은 백색 연토질 석회암으로 이루어져 있어요. 침식으로 인해 코끼리 모양의 아치가 만들어졌지요.

다뉴브 삼각주는 유네스코 세계 문화유산으로 지정되어 있어요. 풍부한 생태계와 아름다운 풍경을 자랑하지요.

해변은 모래가 쌓여 형성된 자연 지형으로, 종종 볼거리를 제공해 줘요. 바다 쪽으로 뻗어 있는 뾰족한 모양의 땅을 '곶'이라고 하는데, 세계에서 가장 긴 곶은 아라바트곶이랍니다. 길이가 무려 113킬로미터나 되지요. 유럽에서 가장 높은 모래 언덕은 프랑스에 있는 듄느 뒤 삘라예요. 높이가 107미터에 이르고, 매년 100만 명 이상의 관광객들이 이곳을 찾는답니다.

미국 워싱턴주에 있는 던지니스곶도 아주 긴 곶으로 유명해요. 길이는 8.9킬로미터예요.

## 거대한 해변

### 천해

해안에서부터 수심 200미터까지의 얕은 바다를 '천해'라고 해요. 특별히 볼거리가 많진 않지만 잔잔한 수면 아래에는 꽤 다채로운 모습이 숨겨져 있답니다. 암석, 모래, 진흙으로 이루어진 수면 아래 바닥은 해양 동물과 식물, 해조류를 위한 서식지가 되어 주지요. 밀물과 썰물이 드나들면서 바위 사이의 작은 웅덩이도 잠겼다 드러났다 하는데, 그래서 독특한 서식 환경을 이룬답니다.

바람과 파도가 끊임없이 해안의 바위를 때리기 때문에, 해안에는 독특한 지형이 형성될 수 있어요. 아치나 절벽처럼 특이한 지형은 바다의 놀라운 힘이 어느 정도인지를 보여 주지요. 10미터의 폭풍 파도는 하룻밤 사이에 석회암 절벽 1미터 정도를 깎아 내릴 수 있답니다.

### 강력한 바다의 힘

해양 식물과 해조류는 얕은 물에서 광합성을 하고 번식하며, 해마와 같은 동물들을 위한 피난처가 되어 준답니다.

# 경이로운 지구

전 세계 곳곳을 장식하는 지구의 아름다운 자연 경관을 둘러볼 차례예요. 입이 쩍 벌어질 만큼 경이롭고 대단한 장면을 마주하게 될 거예요!

| | |
|---|---|
| 거대한 바위 | 80 |
| 아름다운 골짜기 | 82 |
| 도시와 자연의 멋진 조화 | 84 |
| 생명의 요람 | 86 |
| 야생 습지대 | 88 |
| 새하얗고 평평한 소금 호수 | 90 |
| 하늘에서 내려온 용 | 92 |
| 신기한 모양의 바위 기둥들 | 94 |
| 천둥소리를 내는 연기 | 96 |
| 아름다운 산호초 | 98 |
| 달의 계곡 | 100 |
| 얼어붙은 산맥 | 102 |
| 숨어 있는 야생 | 104 |
| 얼음 왕국 | 106 |
| 타오르는 섬 | 108 |
| 에메랄드 세상 | 110 |
| 알 수 없는 미래 | 112 |

◀ 1초당 평균 2000세제곱미터의 물이 빅토리아 폭포 위로 흘러요. 떨어지는 폭포수의 소리는 40킬로미터 떨어진 곳에서도 엄청나게 크게 들린답니다.

# 거대한 바위

울루루는 오스트레일리아 노던주 남서쪽에 있는 거대한 바위로, 자연이 만들어 낸 바위 중 세계에서 가장 큽니다. 원주민들이 매우 신성하게 여기는 곳이며, 특히 새벽과 해질녘에 너무나도 아름다운 광경이 펼쳐지는 곳으로 유명하지요.

## 외딴 섬 같은 언덕(도상구릉)

큰 산맥이 바람의 풍화 작용으로 침식되어 사라지고, 일부만 섬처럼 남은 울루루는 9억 년 전으로 거슬러 올라가는 복잡한 역사를 가지고 있어요. 울루루는 주변 암석의 풍화와 침식을 포함한 몇몇 거대한 지질학적 과정의 마지막 생존자 중 하나랍니다. 언젠가는 울루루도 그 힘에 의해 풍경에서 지워질지도 몰라요.

▶ 울루루는 사암질의 바위로, 석영과 함께 장석이 포함된 분홍색의 아르코스로 구성되어 있어요. 바위의 붉은색은 산화철 때문이에요.

## 성스러운 장소

울루루의 전통적인 소유주는 오스트레일리아 원주민이에요. 지역 원주민들은 이곳을 신성시하며 지켰고, 바위 아래쪽 동굴에는 세계에서 가장 오래된 인류의 신앙을 묘사한 조각이나 그림을 새겨 넣었답니다.

▶ 토착 예술은 동심원이나 공생하는 동물인 캥거루 그림을 상징적으로 사용해요. 종교의식이나 설교 시에 활용했답니다.

## 울루루의 형성

오래전 산이 침식되면서 깎여 나간 것들이 쌓여 퇴적층이 만들어졌어요. 약 5억 년 전 이 퇴적물은 바다에 잠겨 더 많은 퇴적물로 뒤덮이고 압축되어 아르코스라는 사암이 되었지요. 3억 년 전에는 이 아르코스가 위쪽으로 기울어져 있었어요. 그 이후로 바위 주변의 부드러운 부분이 계속해서 깎여 나가고 있는 중이랍니다.

- 아르코스(사암의 일종)
- 원시 퇴적암
- 화성암과 변성암
- 고생대 암석

직사각형은 시간의 경과에 따른 울루루의 위치를 나타냅니다.

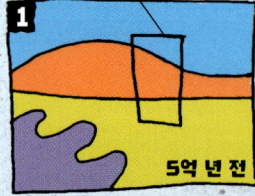
5억 년 전

3억 년 전

6500만 년 전

현재

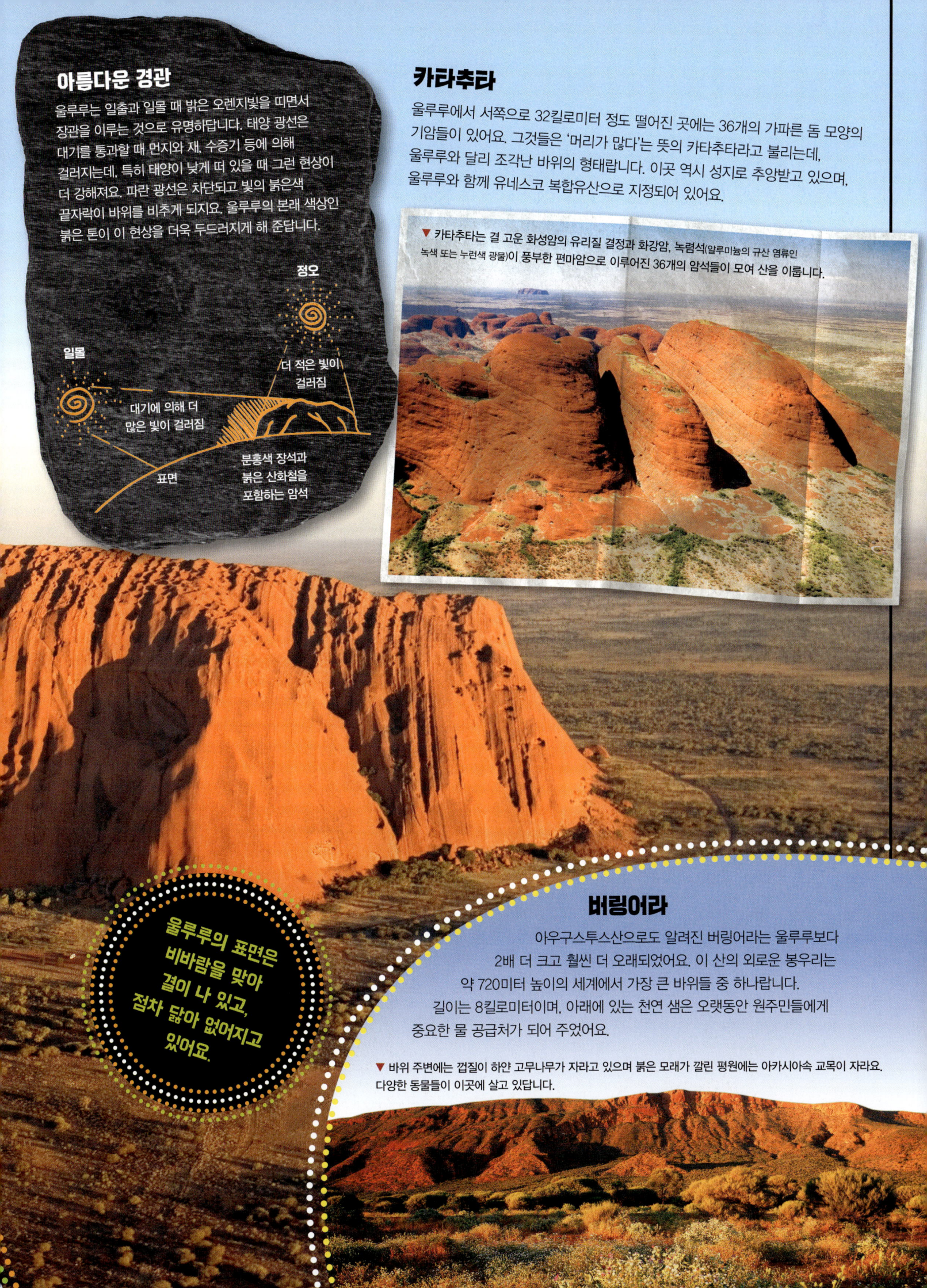

## 아름다운 경관

울루루는 일출과 일몰 때 밝은 오렌지빛을 띠면서 장관을 이루는 것으로 유명합니다. 태양 광선은 대기를 통과할 때 먼지와 재, 수증기 등에 의해 걸러지는데, 특히 태양이 낮게 떠 있을 때 그런 현상이 더 강해져요. 파란 광선은 차단되고 빛의 붉은색 끝자락이 바위를 비추게 되지요. 울루루의 본래 색상인 붉은 톤이 이 현상을 더욱 두드러지게 해 준답니다.

**일몰** — 대기에 의해 더 많은 빛이 걸러짐
**정오** — 더 적은 빛이 걸러짐
표면 / 분홍색 장석과 붉은 산화철을 포함하는 암석

## 카타추타

울루루에서 서쪽으로 32킬로미터 정도 떨어진 곳에는 36개의 가파른 돔 모양의 기암들이 있어요. 그것들은 '머리가 많다'는 뜻의 카타추타라고 불리는데, 울루루와 달리 조각난 바위의 형태랍니다. 이곳 역시 성지로 추앙받고 있으며, 울루루와 함께 유네스코 복합유산으로 지정되어 있어요.

▼ 카타추타는 결 고운 화성암의 유리질 결정과 화강암, 녹렴석(알루미늄의 규산 염류인 녹색 또는 누런색 광물)이 풍부한 편마암으로 이루어진 36개의 암석들이 모여 산을 이룹니다.

> 울루루의 표면은 비바람을 맞아 결이 나 있고, 점차 닳아 없어지고 있어요.

## 버링어라

아우구스투스산으로도 알려진 버링어라는 울루루보다 2배 더 크고 훨씬 더 오래되었어요. 이 산의 외로운 봉우리는 약 720미터 높이의 세계에서 가장 큰 바위들 중 하나랍니다. 길이는 8킬로미터이며, 아래에 있는 천연 샘은 오랫동안 원주민들에게 중요한 물 공급처가 되어 주었어요.

▼ 바위 주변에는 껍질이 하얀 고무나무가 자라고 있으며 붉은 모래가 깔린 평원에는 아카시아속 교목이 자라요. 다양한 동물들이 이곳에 살고 있답니다.

# 아름다운 골짜기

▼ 인공위성으로 보면, 눈 덮인 협곡 사이에 있는 콜로라도강은 굽이치는 개울처럼 보여요. 실제로는 아주 거대한 강인데도 말이지요.

그랜드캐니언은 우주에서 보면 마치 지구 표면에 난 흉터처럼 보여요. 폭넓고 길게 뻗은 이 깊은 골짜기(협곡)는 지구의 놀라운 역사를 담고 있는 하나의 조각품이랍니다.

## 무지개 협곡

그랜드캐니언은 언제 봐도 놀랍고 아름다운 경치를 자랑하지만, 해가 지기 직전에는 그 놀라움이 배가 된답니다. 옅은 분홍색과 보라색이었던 곳은 밝은 빨간색과 주황색으로 바뀌고, 하늘은 잉크를 뿌려 놓은 것처럼 보이지요. 금빛과 깊은 그림자는 협곡의 수많은 능선, 봉우리, 계곡을 더욱 돋보이게 해 주고, 파노라마처럼 펼쳐지는 숨 막히는 풍경과 거대한 규모를 한층 더 부각시켜요.

## 후두스

기후와 침식 작용의 영향으로 바늘처럼 생긴 뾰족한 바위가 원형 극장처럼 모여 있는 이 기이한 곳은 한때 거대하고 단단한 바위 고원이었어요. 브라이스캐니언 국립공원에 있는 후두스는 이런 고원이 갈라지는 과정에서 발생한 바위 기둥으로, 호리호리한 첨탑 같은 모양으로 독특한 광경을 이룬답니다.

▼ 브라이스캐니언의 가장 높은 봉우리는 토르스 해머(토르의 망치)라고 불리며 아름다운 일몰을 볼 수 있는 명소로 인기가 꽤 많아요.

▲ 토로윕 오버룩에서는 협곡의 안쪽과 중심부인 콜로라도강이 한눈에 보여요.

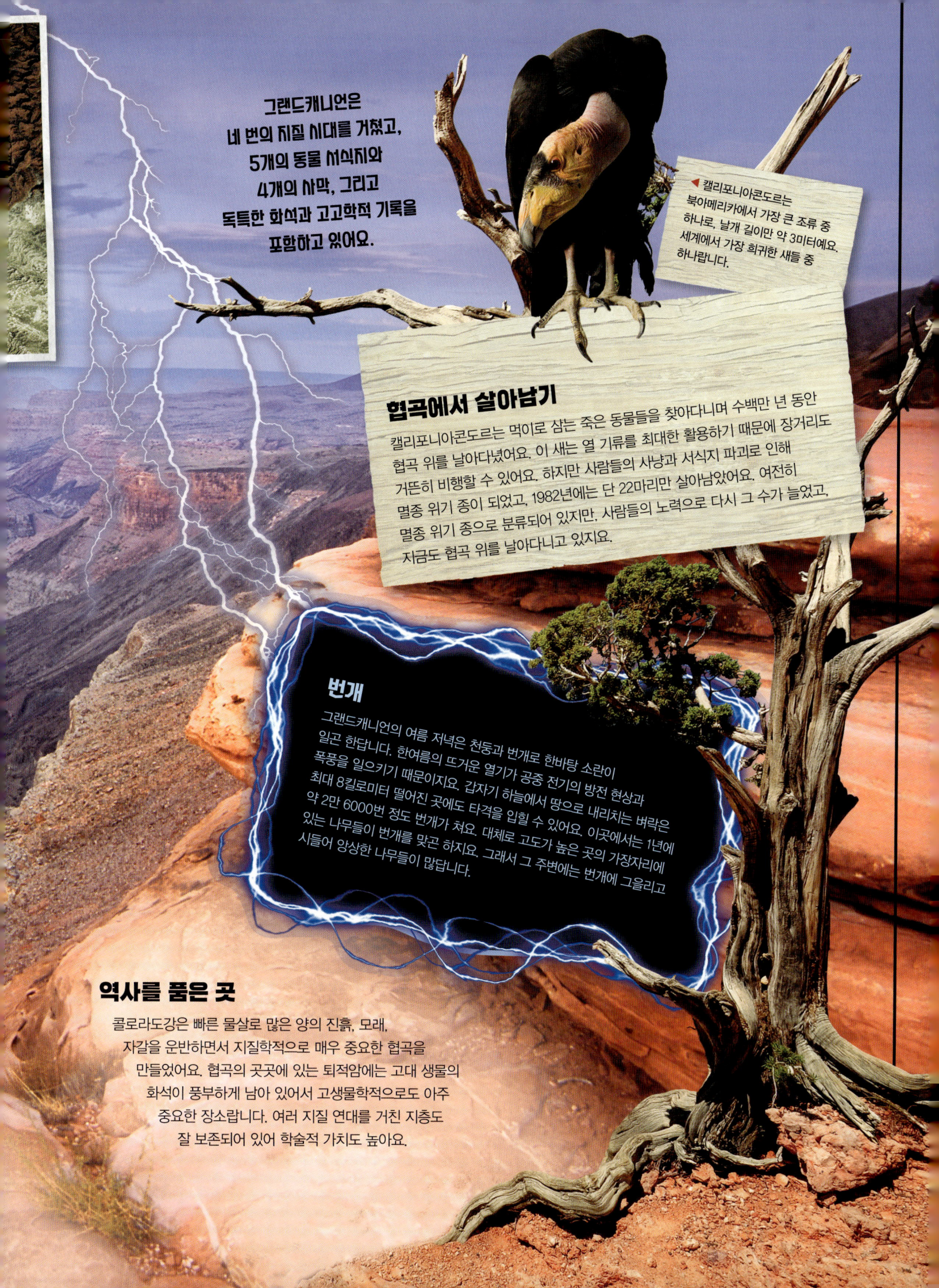

그랜드캐니언은 네 번의 지질 시대를 거쳤고, 5개의 동물 서식지와 4개의 사막, 그리고 독특한 화석과 고고학적 기록을 포함하고 있어요.

◀ 캘리포니아콘도르는 북아메리카에서 가장 큰 조류 중 하나로, 날개 길이만 약 3미터예요. 세계에서 가장 희귀한 새들 중 하나랍니다.

## 협곡에서 살아남기

캘리포니아콘도르는 먹이로 삼는 죽은 동물들을 찾아다니며 수백만 년 동안 협곡 위를 날아다녔어요. 이 새는 열 기류를 최대한 활용하기 때문에 장거리도 거뜬히 비행할 수 있어요. 하지만 사람들의 사냥과 서식지 파괴로 인해 멸종 위기 종이 되었고, 1982년에는 단 22마리만 살아남았어요. 여전히 멸종 위기 종으로 분류되어 있지만, 사람들의 노력으로 다시 그 수가 늘었고, 지금도 협곡 위를 날아다니고 있지요.

## 번개

그랜드캐니언의 여름 저녁은 천둥과 번개로 한바탕 소란이 일곤 한답니다. 한여름의 뜨거운 열기가 공중 전기의 방전 현상과 폭풍을 일으키기 때문이지요. 갑자기 하늘에서 땅으로 내리치는 벼락은 최대 8킬로미터 떨어진 곳에도 타격을 입힐 수 있어요. 이곳에서는 1년에 약 2만 6000번 정도 번개가 쳐요. 대체로 고도가 높은 곳의 가장자리에 있는 나무들이 번개를 맞곤 하지요. 그래서 그 주변에는 번개에 그을리고 시들어 앙상한 나무들이 많답니다.

## 역사를 품은 곳

콜로라도강은 빠른 물살로 많은 양의 진흙, 모래, 자갈을 운반하면서 지질학적으로 매우 중요한 협곡을 만들었어요. 협곡의 곳곳에 있는 퇴적암에는 고대 생물의 화석이 풍부하게 남아 있어서 고생물학적으로도 아주 중요한 장소랍니다. 여러 지질 연대를 거친 지층도 잘 보존되어 있어 학술적 가치도 높아요.

# 도시와 자연의 멋진 조화

브라질의 리우데자네이루는 번화한 현대 도시지만, 자연과의 조화를 잘 보여 주는 곳이랍니다. 전면적인 도시화가 아이러니하게도 자연의 아름다움을 더 극대화시켜 주는 놀라운 곳이지요.

## 퍼치 해변

코파카바나 해변은 4킬로미터에 이르는 초승달 모양의 백사장을 따라 햇빛을 머금은 멋진 바다가 펼쳐지는 세계적으로 유명한 관광지예요. 관광객들은 숲으로 뒤덮인 언덕을 배경으로 늘어서 있는 호텔과 상점, 식당을 방문하며 풍경과 도시를 함께 즐긴답니다.

▶ 낮에는 해변에서 수영을 하고 햇볕을 쬐며 느긋한 시간을 보내다가, 저녁이 되면 화려한 파티를 즐겨요.

◀ 396미터의 슈거로프산은 반도 끝에 하늘을 향해 솟아 있어요.

## 랜드마크

브라질의 리우데자네이루는 세계에서 가장 놀라운 항구 도시 중 하나로 꼽혀요. 언덕 위에 세워진 이 화려한 도시는 여전히 원시림으로 둘러싸여 있으며, 멋진 만과 화강암으로 이루어진 섬들을 내려다볼 수 있는 놀라운 풍경을 선물해 주지요. 슈거로프산은 오랫동안 이 지역의 상징이었고, 대서양을 횡단하는 힘든 여정을 마치고 방문하는 선원들이 여전히 감탄하는 랜드마크랍니다.

슈거로프산 정상까지는 케이블카가 설치되어 있어요. 이 케이블카는 1912년부터 수천만 명의 방문객들을 싣고 리우데자네이루의 아름다운 풍경을 파노라마처럼 펼쳐 보이고 있답니다.

### 코르코바도산

코르코바도는 포르투갈어로 곱사등이를 뜻해요. 그 이름을 딴 거대한 코르코바도산은 약 3억 년 전에 만들어진 고대 화산의 중심부예요. 오랜 시간에 걸쳐 꼭대기의 부드러운 바위는 닳아 없어졌고, 가파르고 단단한 바위가 산처럼 남았어요. 너무 가파르기 때문에 토양이 형성될 수 없어 맨바위로 남아 있답니다. 해수면이 상승하면서 틈새로 바다가 범람한 곳에는 아름다운 만이 들어서 있어요.

▲ 코르코바도 정상에는 그리스도 상이 세워져 있어요. 아르데코 양식의 이 조각상은 1931년에 완성되었어요. 이곳은 도시와 만을 한눈에 내려다볼 수 있는 최고의 전망을 자랑한답니다.

# 생명의 요람

세계에서 가장 경이로운 자연 경관 중 하나인 그레이트리프트밸리는 요르단에서 모잠비크까지 뻗어 있어요. 계곡, 호수, 고원, 산, 화산으로 이루어진 거대한 구조는 수백만 마리의 동물들에게 서식지가 되어 주지요. 화석이 유난히 많이 발견되어 생명의 요람으로 여겨지는 탄자니아의 올두바이 협곡도 이곳에 있어요.

아프리카

## 그레이트리프트밸리

대지구대라고도 불리는 그레이트리프트밸리는 대륙의 이동으로 만들어진 곳이랍니다. 거대한 판 두 개가 점점 멀어지면서 그레이트리프트밸리의 간격도 점점 더 넓어지고 있어요. 이 가파른 계곡은 서남아시아에서 시작해 동아프리카를 가로지르며, 통과하는 모든 나라를 완전히 갈라 놓아요. 계곡과 지형은 약 6500킬로미터에 걸쳐 뻗어 있으며 동아프리카 지구대로도 알려져 있지요. 북쪽 바다는 이미 범람했고, 결국에는 동아프리카도 대륙에서 분리되어 리프트밸리는 바다가 될 거라고 해요.

중앙의 가라앉은 지역에는 호수와 화산이 있어요.
가파른 절벽
판의 이동 방향
대륙 지각
맨틀
마그마 플룸

▲ 지구의 맨틀에서 솟아오르는 열은 판을 분리시키고 계곡 바닥을 따라 많은 화산 활동을 일으켜요. 판이 움직이면서 엄청난 압력이 생기고, 약한 암석은 단층선을 따라 부서집니다.

▼ 응고롱고로 분화구의 초원은 유목 생활을 하는 마사이족의 고향이에요.

## 응고롱고로 분화구

그레이트리프트밸리 남쪽 지역에는 화산 분화 후 정상이 붕괴되면서 형성된 응고롱고로 분화구가 있어요. 지름 22.5킬로미터, 깊이 610미터로 세계에서 가장 큰 분화구랍니다. 가파른 벽으로 인해 분화구 내부에는 나름의 기후가 조성되어 있고, 안에는 독특한 생태계가 존재해요. 이곳의 야생 동물은 분화구 밖의 개체들로부터 완전히 격리되어 있어 독립된 생태를 보여 줍니다. 과학자들은 이곳을 살아 있는 연구소이자 동아프리카 야생 생태계를 그대로 축소해 놓은 곳으로 여겨요.

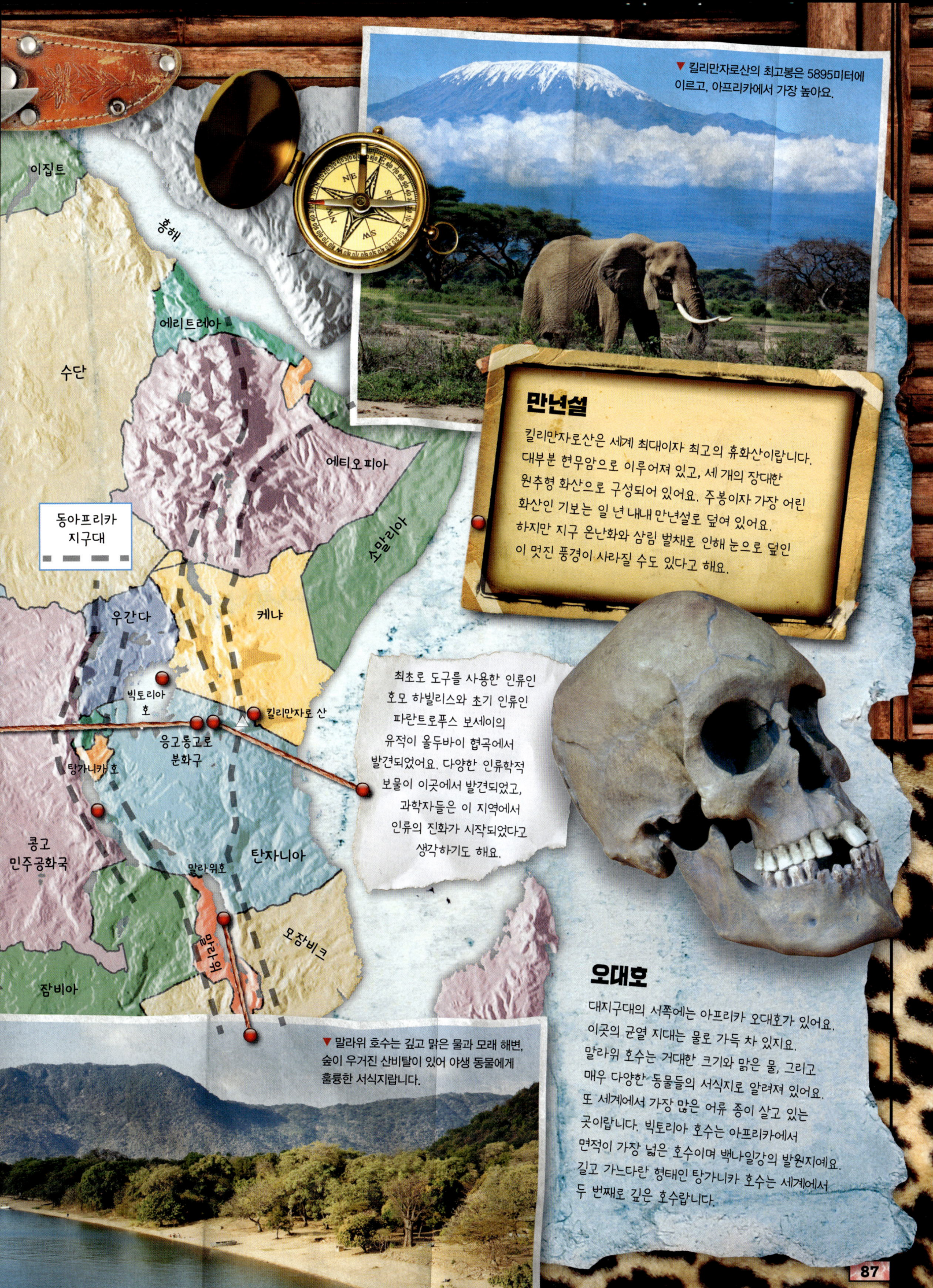

▼ 킬리만자로산의 최고봉은 5895미터에 이르고, 아프리카에서 가장 높아요.

## 만년설

킬리만자로산은 세계 최대이자 최고의 휴화산이랍니다. 대부분 현무암으로 이루어져 있고, 세 개의 장대한 원추형 화산으로 구성되어 있어요. 주봉이자 가장 어린 화산인 기보는 일 년 내내 만년설로 덮여 있어요. 하지만 지구 온난화와 삼림 벌채로 인해 눈으로 덮인 이 멋진 풍경이 사라질 수도 있다고 해요.

동아프리카 지구대

최초로 도구를 사용한 인류인 호모 하빌리스와 초기 인류인 파란트로푸스 보세이의 유적이 올두바이 협곡에서 발견되었어요. 다양한 인류학적 보물이 이곳에서 발견되었고, 과학자들은 이 지역에서 인류의 진화가 시작되었다고 생각하기도 해요.

## 오대호

대지구대의 서쪽에는 아프리카 오대호가 있어요. 이곳의 균열 지대는 물로 가득 차 있지요. 말라위 호수는 거대한 크기와 맑은 물, 그리고 매우 다양한 동물들의 서식지로 알려져 있어요. 또 세계에서 가장 많은 어류 종이 살고 있는 곳이랍니다. 빅토리아 호수는 아프리카에서 면적이 가장 넓은 호수이며 백나일강의 발원지예요. 길고 가느다란 형태인 탕가니카 호수는 세계에서 두 번째로 깊은 호수랍니다.

▼ 말라위 호수는 깊고 맑은 물과 모래 해변, 숲이 우거진 산비탈이 있어 야생 동물에게 훌륭한 서식지랍니다.

87

# 야생 습지대

판타나우(판타날) 습지는 세계에서 가장 큰 담수 습지이자 동식물의 천국이에요. 브라질에 속하며 볼리비아와 파라과이에도 걸쳐 있는 거대한 습지로, 미국 29개 주보다 더 큰 최소 12만 9500제곱킬로미터의 면적을 자랑하지요.

### 침수

거대한 저지대 범람원인 판타나우에는 늘 물이 차 있는 늪이 있어요. 계절적 호우로 인해 인근 고지대에서 하천으로 쏟아져 내려오는 빗물이 강둑을 무너뜨리면서 면적이 80% 안팎으로 늘어나곤 하지요.

### 훌륭한 서식지

계절마다 찾아오는 우기에는 습지대에 물이 가득 차 다양하고 많은 물고기들이 몰려들어요. 반면 비가 오지 않는 건기인 5월부터 9월까지는 습지대의 넓은 면적이 메말라 땅이 드러나지요. 여기에 풀을 뜯어 먹는 동물들이 들어오고, 그들의 포식자인 재규어들도 뒤따라 들어와요. 새들은 고립된 웅덩이에 남아 있는 물고기를 잡아먹고, 백합과 히아신스가 만발한 꽃밭에는 다양한 종류의 동물들이 먹이를 찾아 몰려든답니다.

▼ 안경카이만은 모든 악어 중에서 가장 적응력이 뛰어난 악어로, 판타나우 습지의 변화하는 환경을 견뎌 낼 수 있어요.

▼ 판타나우에는 적어도 50종의 파충류가 살고 있어요. 노랑아나콘다는 물에서 새끼를 낳아요.

▼ 강이 범람하는 긴 장마철과 그 이후에는 수심이 4미터에 이를 수 있어 카우보이와 동물의 이동에 제약이 생겨요.

## 소 사육지

과거에 소들은 판타나우에서 자유롭게 풀을 뜯으며 살아왔어요. 하지만 지금은 수백만 마리가 대규모 목장에서 사육되고 있답니다. 게다가 사람들은 방목지를 더 넓히기 위해 초목을 베어 내거나 불태우고 있지요.

▲ 가장 큰 설치류인 카피바라를 비롯해 엄청나게 많은 야생 동물이 판타나우에서 살고 있어요. 카피바라의 몸길이는 약 1미터이고, 수영을 잘한답니다.

## 개발로 인한 파괴

판타나우 습지는 '온전한 생태 천국으로 남아 있는 마지막 습지'로 여겨져요. 하지만 소를 키우는 목장과 상업용 사냥, 오염으로 인해 생태계가 위협받고 있답니다. 최근에는 파라과이강을 화물을 운송하기 쉬운 형태로 바꾸려는 계획이 있었지만 반대로 인해 보류되었어요. 하지만 다른 개발 계획이 여전히 진행되고 있지요. 소중한 생태계를 망가뜨리는 개발로 인해 판타나우 습지가 더 이상 보존되지 못할 수도 있어요.

판타나우는 큰 늪이라는 뜻이에요. 하지만 사실 판타나우는 늪보다는 광대한 충적평야에 더 가깝답니다.

# 새하얗고 평평한 소금 호수

▼ 우유니 소금 호수의 표면을 덮은 식용 소금의 균열과 능선은 특이한 무늬를 만들어요.

바닷물이 증발하고 침전된 염분으로 뒤덮인 평지(솔트 플랫)는 놀라울 정도로 새하얀 독특한 광경을 만든답니다. 이 건조한 소금 사막은 지구에서 가장 평평한 지표면 중 하나이고, 그것을 덮고 있는 소금 결정들은 태양 광선을 반사해 반짝거려요.

## 우유니 소금 호수

우유니 소금 호수 또는 소금 사막은 볼리비아의 고원 지대인 알티플라노 남부에 형성된 평평하고 거대한 염지예요. 해발 3656미터의 고도에 위치하고 있으며 면적은 1만 580제곱킬로미터랍니다.

우유니 소금 호수에 쌓인 엄청난 양의 소금은 안데스산맥의 융기 과정에서 바다로부터 온 것과 주변 산지에서 호수로 흘러내린 것이 합쳐진 거예요. 주위 산지보다 지대가 낮은 분지라 고인 물이 흘러 나가지 못하고, 강수량이 많지 않아 호숫물의 염분이 희석되지 않았답니다.

## 소금 채취

소금 호수에는 고농도의 소금이 존재하기 때문에 몇몇 동물들은 살아남을 수 있지만, 사람이 살 수는 없어요. 우유니 소금 호수 또한 사람이 살지는 못해도 채광과 관광 산업으로 지역 주민들에게 도움을 주고 있지요. 미래에는 염분이 함유된 표면 아래에 있는 방대한 양의 리튬을 추출하는 광업이 주요 산업이 될 수도 있어요. 리튬은 주로 세라믹과 유리 산업과 배터리 생산에 사용된답니다.

▲ 소금은 삽으로 퍼낸 후 트럭으로 운반합니다.

◀ 우유니 소금 호수에 있는 잉카와시섬에는 거대한 선인장이 자라요. 촘촘한 가시가 나 있고, 주기적으로 꽃을 피운답니다.

### 작은 섬들

소금 평야는 거의 완전히 평평하지만, 하얀 표면 위로 돌출된 부분들이 있어요. 호수 중앙 근처에 있는 이 암석 지대는 고대 민친 호수가 범람하기 전 평원에 존재했던 화산들의 잔재로, 이 지역의 역사를 담은 화석을 포함하고 있지요. 이 섬들에는 선인장을 포함한 생존력이 강한 동식물이 살고 있고, 호수가 범람하면 남아메리카 홍학이 찾아와 먹이를 먹고 번식한답니다.

◀ 태양이 수평선을 따라 기울어지면, 하얀 소금은 예쁜 푸른색을 띠며, 바위 섬들은 특이한 그림자를 만들어 내요.

우유니 소금 호수는 지구에서 가장 큰 소금 평원이에요. 그리고 가장 낮은 곳과 가장 높은 곳의 차이가 80센티미터밖에 되지 않아요.

### 기차 묘지

오래된 기차선로는 호수와 인근 우유니 마을을 연결해요. 소금은 화물 기차로 호수에서 마을, 그리고 항구로 운반되었어요. 수명이 다한 기차는 더 이상 사용되지 않아 '기차 묘지'로 알려진 우유니 외곽 지역에 버려진 채로 방치되어 있어요.

# 하늘에서 내려온 용

베트남과 중국의 경계에 있는 하롱베이는 석회암 기둥, 섬, 그리고 아주 작은 섬들과 예로부터 전해진 신화가 어우러져 신비로운 분위기를 자아낸답니다.
하롱베이는 '하늘에서 내려온 용'이라는 뜻으로, 용이 그곳을 지키기 위해 뿌린 보석이 섬이 되었다고 전해지지요.

▼ 하롱베이의 수심은 평균 약 10미터 미만이며, 카르스트 지형이 잠겨 있어요.

## 하롱베이의 섬

지구는 긴 시간 동안 다양한 기후 변화를 겪었고, 그럴 때마다 해수면도 오르내리기를 반복했어요. 빙하기에는 바닷물이 얼어붙어 해수면이 낮아지고, 기후가 온난해지면 얼음이 녹고 해수면이 높아졌지요. 그러는 사이에 베트남 해안의 카르스트 지형(석회암 지대)에 바닷물이 넘나들면서 통킹만이라고 불리는 곳에 헤롱베이가 만들어졌답니다. 헤롱베이를 멋지게 장식하는 신기한 모양의 섬들은 석회암이 산성비에 제각각 녹아내리면서 형성된 거예요. 오늘날 하롱베이에는 그런 섬들이 2000여 개가 있고 각각의 섬들은 정글로 덮여 있어요. 여전히 대부분의 섬에는 사람이 살지 않고, 오염되지도 않았답니다.

▼ 산성비가 섬을 침식시켜 특이한 모양을 이루게 되었어요. 물개, 코끼리, 엄지손가락 등 모양에 따라 섬의 이름이 붙여지기도 했답니다.

## 고대 전설

고대 전설에 따르면, 하롱베이는 이 지역이 침략을 받았을 때 형성되었다고 해요. 용이 땅을 지키기 위해 내려오면서 수천 개의 보석과 구슬을 내뱉었는데, 그것들이 바다로 떨어지면서 기묘한 모양의 암석이 되어 침입자들이 뚫을 수 없는 장벽이 되어 주었다고 전해진답니다.

## 동굴

해양 침식으로 인해 새로운 지형이 계속해서 만들어져요. 해안가가 침수되기 전에 더 많은 작고 큰 동굴이 생기고 있지요. 승솟 동굴은 하롱베이에서 가장 오래된 동굴 중 하나로, 높이가 약 10미터가 넘는 통로가 있고 석순과 바위가 가득하답니다.

석회암 탑은 거의 수직에 가까운 면을 가지고 있어요. 낙석이 흔하고, 거대한 암석 조각들이 아래의 바다로 쿵쾅 떨어지곤 해요.

## 바닷물의 침범

석회암에 떨어지는 산성비는 바위를 녹이고 터널이나 동굴, 또는 싱크홀이라고 불리는 갱도를 만들어요. 바다가 바위를 덮으면 카르스트 지형이 물에 잠기게 되지요.

더 오래된 동굴들은 해수면이 높을 때 형성된 거예요.

언덕

갈라진 틈

탑

최근에 만들어진 동굴

물에 잠긴 틈

# 신기한 모양의 바위 기둥들

암석과 돌이 햇빛, 공기, 물, 생물 등에 의해 부서지거나 변화하는 것을 풍화 작용이라고 해요. 풍화 작용은 자연 환경을 완전히 바꿔 놓을 수도 있어요. 대기의 온도와 대기 중의 수분, 그리고 화학 물질의 변화로 인해 단단한 바위가 이상한 모양의 기둥이나 첨탑으로 변하기도 하거든요. 이런 바위 기둥들이 모여 또 하나의 장관을 이룬답니다.

▼ 튀르키예의 괴레메 계곡은 화산 지형의 풍화로 형성된 버섯바위로 유명하답니다.

## 버섯바위

튀르키예의 카파도키아 지역에는 높이가 최대 50미터에 달하는 수천 개의 원뿔형 기둥이 솟아올라 있어요. 이 기둥들은 화산재가 굳어 형성된 응회암이 깎여 나가 만들어진 거예요. 이곳은 수백만 년에 걸친 풍화 작용으로 '요정의 굴뚝'이라고 불리는 진기한 버섯 모양의 암석 지형을 이루게 되었답니다.

## 12사도 바위

해안에서 발견되는 바위 더미는 단단한 바위를 깎아 낼 정도로 엄청난 바다의 힘을 보여 줍니다. 오스트레일리아의 12사도 바위는 해안가를 따라 서 있는 석회암 바위들이에요. 한때는 큰 석회암 지대였지만, 바람, 파도, 비에 의해 천천히 풍화되어 탑처럼 높은 사암과 석회암 바위만 남게 되었답니다. 절벽은 지금도 1년에 2.5센티미터씩 깎여 나가고 있어요.

▲ 오스트레일리아의 12사도 바위는 1950년에 지어진 이름으로, 예수님의 12제자를 뜻한답니다.

## 니들스

영국 해협의 와이트섬 서단에는 '니들스'라는 세 개의 바위가 있어요. 꽤 뭉툭한 생김새에도 불구하고 이들 바위가 '바늘'이라는 뜻의 '니들스'라고 불리는 이유는 '롯의 아내'라는 바위 때문이랍니다. '롯의 아내'는 높이 약 37미터에 이르는 바늘 모양의 길고 뾰족한 바위였어요. 18세기에 폭풍우로 인해 바닷속으로 무너져 내려 지금은 볼 수 없지요. 무너진 바위 더미가 바다를 항해하는 선원들에게는 위험한 암초가 될 수도 있기 때문에, 니들스 등대에서 경고 신호를 보내 준답니다.

▼ 니들스는 백악층 능선의 일부로, 백악은 하얀 석회암을 말해요.

## 대머리 바위

아프리카 짐바브웨의 마토보 언덕에는 커다란 바위들이 차곡차곡 쌓인 듯한 모습의 신기한 암석들이 있어요. 대머리라는 뜻의 '아마토보'라고 불리는 이 반질반질한 바위들은 화강암으로 이루어져 있답니다. 화산 폭발로 산이 형성되는 동안 강력한 열과 압력을 받아 굳어진 암석이지요. 틈이 벌어진 화강암들이 풍화 작용을 거치면서 이런 기이한 모양을 띠게 된 거예요. 지금의 짐바브웨와 잠비아에 해당하는 과거 영국의 식민국가 '로디지아'를 건설한 영국의 정치가 '세실 로즈'가 이곳에 묻혀 있답니다.

▼ 마토보 언덕에는 바위가 쌓인 듯한 특이한 모양의 화강암들이 있어요.

## 피나클스 사막

오스트레일리아의 피나클스 사막은 공상 과학 영화의 한 장면처럼 펼쳐집니다. 꼭 외계 행성에 온 것만 같지요. 해질녘이 되면 붉은빛을 띠는 모래와 수만 년 동안 풍화된 구멍 뚫린 바위들이 아름다운 경관을 만들어 내지요. 지질학적으로는 최근에 형성된 지역으로, 거친 황무지 위에 불쑥 솟은 기암괴석들로 유명하답니다.

▲ 피나클스 사막에서 가장 높은 바위 기둥은 3.5미터예요.

# 천둥소리를 내는 연기

아프리카 짐바브웨에 있는 잠베지강의 엄청난 물이 수직 절벽 아래로 떨어지면 천둥소리와 같은 굉음이 나요. 이 빅토리아 폭포의 토착 이름은 모시-오아-투냐(Mosi-oa-Tunya)로 '천둥소리를 내는 연기'라는 뜻이에요. 멀리서는 치솟는 물보라만 보이고 천둥이 치는 소리가 들려서 붙게 된 이름이랍니다.

## 빅토리아 폭포

빅토리아 폭포는 세계에서 가장 높거나 넓은 폭포는 아니에요. 하지만 1층 폭포 중에서는 폭이 가장 넓지요. 물이 가득 차오르는 2월과 3월에는 1초마다 50만 세제곱미터의 폭포수가 쏟아져요. 잠비아와 짐바브웨의 경계를 흐르는 빅토리아 폭포는 폭이 1.6킬로미터에 이르고, 최대 낙차는 108미터예요.

▼ 빅토리아 폭포는 커다란 암벽 고원의 끝자락에서 쏟아져 내려요. 200만 년 동안 엄청난 양의 물이 그 암벽을 조금씩 갉아 내고 있지요.

## 현무암 협곡

빅토리아 폭포수는 바닥으로 떨어져 암석들을 강하게 때리고 나서 지그재그로 굽이치는 좁은 협곡들 사이를 흐르며 한때 그 폭포의 일부였던 7개의 지점들을 지난답니다. 물에 의한 침식은 계속 이어져 현무암으로 이루어진 드넓은 고원의 무른 지점들을 깎아 내고 있어요. 그런 탓에 폭포는 강의 상류 쪽으로 점점 더 멀어지고 있답니다.

▶ 잠베지 강물은 폭포에서 떨어진 이후 극도로 좁아지는 협곡을 지나며 흐르는 속도와 힘을 더욱 키워 나간답니다.

## 악마의 수영장

빅토리아 폭포에는 수영을 즐길 수 있는 곳이 있는데, 이곳을 악마의 수영장(데빌스 풀)이라고 불러요. 강의 수위가 낮아질 때(건기) 이용할 수 있고, 절벽 가장자리에서 위험하고도 아찔한 경험을 할 수 있어요. 유속이 느리고 암벽이 있어 급류에 휘말리지는 않는다고 알려져 있지만, 안전을 위해 가이드가 동행하는 것이 원칙이에요.

▲ 수위가 낮아지는 9월에서 12월 사이에 악마의 수영장을 방문한 관광객들은 폭포 가장자리에서 아찔한 수영을 즐길 수 있어요.

빅토리아 폭포는 나이아가라 폭포보다 2배 정도 더 넓고 깊어요. 20킬로미터 이상 떨어진 곳에서도 반짝이는 물보라를 볼 수 있답니다.

## 앙헬 폭포

베네수엘라의 앙헬 폭포는 세계에서 가장 높아요. 이곳을 감상하는 가장 좋은 방법은 비행기를 타고 둘러보는 거예요. 미국의 모험가이자 비행기 조종사인 지미 엔젤이 근처에 불시착했다가 이 폭포를 발견하고 이후 다시 찾아가면서 알려졌고, 그의 이름을 따서 앙헬(엔젤)이라고 불리게 되었지요. 낙차가 매우 커서 물이 적은 시기에는 맨아래까지 물이 미처 떨어지지 못하고 도중에 안개가 되어 날아가기도 한답니다.

▲ 앙헬 폭포는 베네수엘라 현지어로 '가장 깊은 곳에 있는 폭포'라는 뜻의 '파레쿠파 메루(Parekupa-meru)'라고 불려요.

# 아름다운 산호초

▼ 그레이트배리어리프는 3000개의 작은 암초와 1000개의 섬으로 이루어져 있어요.

그레이트배리어리프는 오스트레일리아 북동쪽 해안에 있는 세계에서 가장 큰 산호초예요. 크기가 어마어마하기 때문에 아주 멀리에서 보아야만 전체를 다 볼 수 있답니다. 수천 개의 암초와 섬들이 2000킬로미터 이상 뻗어 있거든요. 하지만 이 산호초 군락이 자연에 미치는 놀라운 영향력을 알아보려면 물속으로 들어가서 살펴봐야 한답니다. 산호초 대부분이 바다에 잠겨 있으니까요.

## 느리게 자라는 산호초

산호는 성장이 매우 느린 생물로, 산호충(코럴 폴립)의 분비물이나 죽고 남은 뼈가 쌓여 이루어진 구조물이에요. 그레이트배리어리프는 세계 최대의 산호초이자 생물이 만들어 낸 가장 큰 구조물 중 하나로, 무려 1800만 년 동안 자라 왔어요. 오래된 산호들 위에 자리 잡은 살아 있는 산호초들은 8000~2만 년 전 마지막 빙하기 이후에 자라나기 시작한 것들이랍니다.

▲ 배리어리프 중에서도 특히 퀸즐랜드의 산호초들은 다이버들에게 인기가 많아요. 산호초의 종류와 그 주변 생물이 매우 다양하거든요.

▼ 산호의 몸은 폴립으로 되어 있어요. 아기 산호인 플라눌라가 헤엄쳐 다니다가 바위 위에 달라붙어요. 그러면 한쪽 끝이 입이 되고 그 주위에 촉수가 나와 폴립이 된답니다.

1. 플라눌라(유생)가 정착할 곳을 찾아요.

2. 플라눌라가 단단한 표면 위에 붙어요.

3. 폴립이 단단한 컵 모양으로 성장하기 시작해요.

4. 폴립이 점점 더 많아지고 커다란 산호초 군락을 이루게 돼요.

## 산호충

산호충(코럴 폴립)은 부드러운 몸을 가진 동물이에요. 넓은 군락지에서 살고, 탄산칼슘의 외골격을 만들어 몸을 보호한답니다. 산호초의 대부분은 이런 탄산칼슘 구조물로 구성돼요. 산호는 주로 햇빛이 닿는 얕은 물에서 자라며, 산호충과 같은 동물성 해조류와 공생 관계를 맺어요. 산호는 해조류에게 이산화탄소, 영양소, 안전한 보금자리를 제공해 주고, 해조류는 산호들에게 당분과 산소를 공급해 준답니다.

산호초에게 가장 큰 위협 요소는 단연 해양 오염이에요. 하지만 그 외에도 이 취약한 생태계는 관광과 지구 온난화를 비롯한 여러 요인에 의해 쉽게 망가지고 위험에 처한답니다.

### 산호초의 주인은?

토레스 해협에서 온 섬사람들과 오스트레일리아의 원주민들은 6만 년 이상 배리어리프 주변에서 낚시를 해 왔어요. 그들은 그레이트배리어리프의 전통적인 주인이라고 할 수 있으며, 이 지역 생물의 다양성과 문화, 역사를 보존하기 위해 노력하고 있답니다. 과학자들은 18세기에 영국 탐험가 제임스 쿡의 배가 산호 위에서 좌초한 후 암초를 연구하기 시작했어요.

▶ 앵무조개는 수백만 년 동안 거의 변함없는 모습을 유지한 채 생존을 이어 왔어요. 그야말로 살아 있는 화석이라고 할 수 있지요.

### 바닷속 변화가

바닷속으로 들어가면 산호초의 또 다른 신비로운 모습을 만날 수 있답니다. 고요한 청록색 물속에서 형형색색의 화려한 모습을 드러내지요. 산호초 주변에는 매우 다양한 바다 생물들이 자리를 잡고 살아요. 아주 작은 은빛 물고기 떼가 산호초 사이사이를 헤엄치고, 분홍색 연체동물, 파란색 불가사리, 보라색 말미잘, 투명한 새우, 거무스름한 벌레까지 다양한 동물들이 붙어 살지요. 상어와 오징어 같은 포식자들도 근처에 모인 먹이를 먹기 위해 산호초로 달려가곤 해요. 생물들의 은신처이자 서식지인 산호초는 육지의 번화가처럼 많은 생물들이 모이는 장소랍니다.

◀ 스윗립스라는 물고기는 자라면서 다양한 색깔로 변한답니다. 종종 아주 과감하고 선명한 색과 무늬를 띠곤 하지요.

▼ 해파리는 산호초를 만드는 산호충과 긴밀한 관계가 있어요. 리듬을 타듯이 움직이면서 산호의 촉수에 있는 동물들을 잡아먹지요.

# 달의 계곡

서아시아에 있는 붉은 사막 와디 럼은 아랍어로 '달의 계곡'이라는 의미로, 요르단 최고의 볼거리 중 하나예요. 매혹적이고 아름다운 풍경으로 많은 작가들에게 영감을 주기도 했지요. 와디 럼은 워낙 멋진 풍광을 자랑하는 곳이지만, 가파른 절벽과 우뚝 솟은 바위에 쏟아지는 햇빛과 메마른 땅이 촉촉이 젖어 생기를 되찾는 모습이 더해져 더욱 환상적인 볼거리를 선사해 준답니다.

▼ 로렌스는 이 지역에서 영감을 받아 장편 소설 《지혜의 일곱 기둥》을 썼는데, 그 이름을 딴 바위도 있어요. 막상 책 속에서 묘사된 일곱 기둥은 와디 럼과는 상관이 없었지만 말이에요.

## 광활한 골짜기

와디 럼 계곡은 요르단 남부를 가로질러요. 베이지색, 오렌지색, 빨간색, 회색의 퇴적 사암층이 20억 년 이상 된 고대 화강암층 위에 놓여 있지요. 세계 최대 지구대인 그레이트리프트밸리의 지각 변동이 계속되는 가운데, 그 영향으로 기울고 부서진 사암들이 바람과 비에 의해 침식되면서 특이한 모양의 바위와 아치, 협곡이 생겨나게 된 거예요.

◀ 와디 럼은 아랍 지역에서 활동했던 영국 군인 로렌스가 이곳을 통과해 요르단 최남단의 아카바 항구를 점령하는 장면이 나오는 영화 《아라비아의 로렌스》(1962)의 무대로도 유명해요.

## 아라비아의 로렌스

와디 럼은 아랍인들이 오스만 제국의 탄압에 대항해 반란을 일으킨 아랍의 반란 때(1916년) 중요한 역할을 했던 곳이에요. 아랍 헤자즈 왕국의 파이살 빈 후세인 왕자와 아라비아의 로렌스로 알려진 영국의 군인 토머스 에드워드 로렌스가 이곳에 아랍 반란군의 기지를 두고 있었거든요.

## 봄의 생기

겨울비가 내리고 난 후 와디 럼에는 천연 샘이 생기고 사막은 생기로 가득해져요. 척박했던 땅 위로 양귀비, 검은 붓꽃 등의 꽃이 피어나고, 뱀, 여우, 회색늑대 등 살아남은 동물들이 먹이를 찾아 나온답니다.

▶ 봄에 피는 알뿌리 식물인 크로커스는 건조한 시기에는 휴식에 들어가지만, 비가 온 후에는 성장해서 꽃을 피워요.

▼ 와디 럼에는 100종이 넘는 조류가 살고 있어요. 그중 대표적인 새가 사막 종달새랍니다.

▼ 리프트밸리의 지각 변동은 와디 럼의 사암을 기울게 하고 부러지게 했어요. 이후 사암들은 바람, 비, 홍수에 침식되어 붉은 절벽과 깊은 협곡을 이루게 되었답니다.

와디 럼은 영화 촬영 장소로도 유명해요. 화성이 배경이었던 〈레드 플래닛〉(2000)과 이집트가 배경이었던 〈트랜스포머 : 패자의 역습〉(2009)이 이곳에서 촬영되었답니다.

▼ 요르단의 사막 순찰대는 튼튼한 차량도 가지 못하는 와디 럼을 순찰할 때, 낙타 군단을 보낸답니다.

## 유목민들

사람들은 수천 년 동안 이 사막을 여행해 왔어요. 부싯돌 도끼부터 나바테아 사람들이 남긴 2000년 된 사원에 그려진 선사 시대 암각화까지, 이 지역에는 역사를 보여 주는 고고학적 증거가 많이 남아 있어요. 오늘날에도 베두인족은 전통적인 유목 생활 방식에 따라 염소털 텐트에서 지내며 협곡을 따라 염소를 키우며 살아간답니다.

101

# 얼어붙은 산맥

알프스산맥은 유럽 대륙을 크게 갈라놓는 거대한 장벽의 역할을 해요. 큰 산맥은 대륙을 차지하고, 심지어 문화와 역사에 영향을 미친답니다. 온화한 지역에 속해 있긴 하지만, 알프스산맥에는 겨울마다 심한 얼음 폭풍이 닥치고, 봉우리에는 일 년 내내 눈이 내려요.

## 마터호른

가파르고 뾰족한 봉우리로 유명한 마터호른은 유럽의 상징적인 산으로, 멋진 모습을 뽐내지만 또 위험하기도 해요. 고도가 매우 높아 기온이 낮지만, 마터호른의 네 경사면은 매우 가파르기 때문에 사실상 눈이 쌓일 수 없어요. 1865년에 영국의 등반대원 7명이 처음으로 이 산의 정상에 올랐는데, 내려오는 도중에 4명이 목숨을 잃었답니다. 이후로 수백 명의 등반가들이 마터호른에 오르다 사망했어요. 현재 이 산은 등반을 하다 사고를 당해 사망하는 사람이 가장 많은 곳들 중 하나랍니다.

▲ 마터호른은 알프스산맥에서 가장 유명한 산 중 하나로, 스위스와 이탈리아 사이의 국경에 걸쳐 있으며 높이는 4478미터랍니다. 이탈리아 사람들은 이 산을 몬테 체르비노라고 불러요. 급한 암벽과 거친 암석, 변덕스러운 기상 조건 때문에 등반을 하려면 숙련된 기술이 필요하지요.

▼ 알레치 빙하가 녹으면서 거대한 얼음 덩어리와 그 속에 있던 암석들이 드러나 독특한 광경이 펼쳐져요.

## 산맥의 형성

알프스산맥의 길이는 1050킬로미터이고 최대 너비는 200킬로미터예요. 4000미터가 넘는 산들이 산맥을 이루고 있는데, 그중 가장 높은 산은 프랑스에 있는 몽블랑이에요. 이 산맥은 약 9000만 년 전에 두 개의 지각판이 만나 형성되기 시작했어요. 지각판이 충돌하면서 그 사이에 있는 암석층이 깨지고 접혀 산과 계곡을 이루게 되었지요. 이후 지난 200만 년 동안 빙하에 의해 침식되면서 지금의 모습이 되었답니다.

### 거대한 빙하

알레치 빙하는 알프스산맥에서 최대이자 유럽 대륙에서도 가장 큰 규모의 곡빙하*높은 산의 골짜기에서 발달한 빙하)예요. 과거에는 최대 30킬로미터 길이에 이르렀으나, 현재는 약 23킬로미터 길이로 줄어들었어요. 주변의 고산지대에 쌓이는 눈이 만년설이 되어 거대한 알레치 빙하가 되었고, 약 6만 년 전쯤 만들어지기 시작해 오랜 기간 성장하면서 이동해 왔지요. 알레치 빙하는 넓은 폭과 더불어 오랜 기간 빙퇴석을 운반하고 퇴적시켜 만든 지형인 '모레인'이 인상적으로 발달해 있는 곳이에요.

▼ 알프스 초원의 꽃들은 바람과 서리를 피해 대체로 작고 낮게 자란답니다. 눈 덮인 산을 배경으로 피는 꽃들은 멋진 여름 풍경을 만들어 내요.

### 알프스의 꽃

아무리 대단한 산이라도 기상 현상을 거스를 순 없어요. 수백만 년에 걸쳐 비, 빙하, 바람, 눈은 알프스의 암석을 깎아 내렸고, 그 잔해가 쌓여 비옥한 토양을 이루고 그곳에 초원이 들어섰답니다. 알프스산맥의 초원은 높은 곳에 있어서 사람들이 접근하기 어려워요. 덕분에 그곳은 현재 유럽에서 오염이 가장 덜한 서식지로 남아 있지요. 얼핏 연약해 보이는 이곳의 식물들은 겨울 동안 눈 속에서 지내다, 눈이 녹으면 다시 눈부신 꽃을 피우고 아름다운 꽃밭을 이룬답니다.

# 숨어 있는 야생

마다가스카르섬은 인류가 존재하기도 전에 지구의 지각운동으로 현 위치에 자리 잡은 섬이에요. 그 뒤로 수백 년 동안 사람의 간섭 없이 여러 동식물들이 제각기 진화를 거듭해 왔지요. 이 섬은 약 1억 5000만~1억 8000만 년 전 아프리카에서 떨어져 나왔고, 놀랄 만큼 다양한 동식물과 야생 동물이 살고 있는 경이롭고 평화로운 땅으로 남아 있었어요.

## 분리된 땅

지금의 마다가스카르는 세계에서 네 번째로 큰 섬이지만, 한때는 곤드와나라고 불리는 거대한 육지의 일부였어요. 약 1억 8000만 년 전 동부 곤드와나의 땅덩어리가 아프리카에서 떨어지기 시작했고, 이후 분리가 계속되어 남극, 인도, 오스트레일리아, 마다가스카르를 형성하게 되었지요.

▶ 두 개의 초대륙 중 하나였던 곤드와나는 결국 더 작은 육지들로 쪼개졌어요. 곤드와나라고 불리는 땅은 남극을 포함해 오늘날 남반구에 있는 대부분의 대륙이 곤드와나의 일부였답니다.

## 거대한 절벽

깎아지른 모습의 거대한 바위는 모험가들을 마다가스카르로 끌어들이는 해서의 큰 요소랍니다. 차린누루 마시프라고 알려진 800미터 높이의 화강암 절벽은 거의 수직으로 솟아 있어 등반가들에게 흥미로운 도전이 되고, 웅장한 째라클루이데와 베이스 점프 선수들에게 멋진 연습 장소가 되어 줍니다.

▲ 이어할 곳이 없기 때문에 등반가들은 짜린누루를 하루 만에 등반하는 것을 목표로 삼아요. 장비로 쓸 공간이 건강줍이 없던 때문한 편이기 때문에 새로운 경로로 올라가기 위해서는 구멍을 뚫으면서 올라가야 해요.

## 가중한 발굴

다른 세계와 분리된 마다가스카르에는 독자적인 진화를 거쳐 있고, 여기서 발견되는 동식물의 대부분은 다른 곳에서는 볼 수 없는 것들이에요. 마다가스카르 우림의 많은 부분이 인간에 의해 잘려 나갔지만, 나머지 지역에는 여전히 8000종의 고유 식물, 1000종 이상의 거미, 약 300종의 개구리가 서식하고 있답니다.

▶ 물이 풍부한 곳은 다양한 양서류와 물고기들에게 최적의 서식지입니다.

## 여우원숭이

마다가스카르의 첫 포유류인 여우원숭이는 섬이 형성되고 나서 오랜 시간이 지난 약 6000만 년 전 이곳에 도착했어요. 때다니는 나무둥치를 타고 온 것으로 보여요. 여우원숭이는 큰 눈과 여우 같은 얼굴을 가진 영장류의 일종으로, 약 40종이 이곳에서 진화했답니다.

▶ 갈색 여우원숭이는 울창한 숲을 벗어나는 일이 거의 없어요. 나무의 과일이나 잎, 수액, 벌레 등을 먹고 살기도요.

## 바오바브

마다가스카르의 상징적인 나무인 바오바브나무는 모습이 특이해요. 이 나무의 두꺼운 줄기는 건기를 견디기 위해 엄청난 양의 물을 저장한답니다. 1000년 이상 살아남은 바오바브나무도 있어요. 여우원숭이와 거대한 나방은 바오바브나무 꽃에서 꿀을 빨아먹어요. 바오바브나무는 총 8종이 있는데, 그중 6종은 마다가스카르에서만 자란답니다.

▶ 바오바브나무 숲은 한때 울창한 숲에 둘러싸여 있었어요.

## 칭기랜즈

마다가스카르섬에는 다른 곳들과 다른 독특한 지형을 갖춘 곳이 있어요. 면도날처럼 날카로운 석회암 침봉이 숲이 있는 바위산들을 볼 수 있거든요. 이 침봉을 '칭기'라고 부르는데, 바야를 치면 벨 소리와 비슷한 소리가 나서 붙여진 이름이에요. 촘촘하게 붙어 있는 바위산은 자유롭게 다닐 수 없는 위험한 곳이랍니다.

▶ 약한 식물이 빗물에 깎이고 남은 부분이 날카로운 바위산을 이루게 되었어요.

# 얼음 왕국

빙하에 의해 침식되고 지구상에서 가장 극심한 기후 여건에 시달리는 스발바르 제도는 이 행성에 마지막으로 남은 천연 야생 지대 중 하나예요. 북극권에 속해 있는 이 제도는 북극광을 비롯해 아주 독특한 자연 현상을 볼 수 있는 곳이랍니다.

▶ 북극광은 지표면 80~1000킬로미터 위에서 발생하며, 반짝이는 초록색, 노란색, 파란색, 빨간색 등이 섞인 아름다운 자연 현상이에요.

## 움직이는 빙하

스발바르 제도의 주요 부분을 이루는 스피츠베르겐 제도의 약 80%는 빙하로 덮여 있어요. 가장 유명한 빙하 중 하나는 콩스바엔(또는 콩스베겐)으로, 약 105제곱킬로미터를 덮고 있는, 20킬로미터 길이의 거대한 얼음이에요. 가장 낮은 부분이 바다에 닿으면 거대한 얼음 덩어리가 떨어져 나가 빙산이 된답니다.

▲ 얼음의 분자 구조는 액체인 물의 분자 구조보다 밀도가 낮아요. 그래서 빙산이 바다와 강에 뜰 수 있지요.

## 콩스피오르덴

스발바르 제도의 스피츠베르겐섬 북서 해안에는 만년설로 덮여 있는 트레크로네르('세 개의 왕관'이라는 뜻) 산맥이 있어요. 그 아래로 얼음 섬들이 흩어져 있는데, 여기를 콩스피오르덴이라고 해요. 이곳은 대서양의 온난한 해류와 북극의 차가운 해류가 만나는 지점이랍니다. 거대한 빙산이 피오르 입구 곳곳에 자리 잡고 있지만, 따뜻한 물이 다양한 동식물을 끌어들여요. 여름이 되면 수백 종의 꽃이 피고 300만 마리의 새들이 몰려들며, 30종이 넘는 다양한 동물들이 찾아온답니다. 스발바르에서는 한밤중에도 태양이 대지를 비추어 동물들은 24시간 동안 먹이를 찾아 먹을 수 있어요.

▲ 콩스바엔 빙하가 바다에 이르면 콩스피오르덴(피오르)의 면적이 넓어지고 빙하가 떨어져 나간답니다.

## 북극광

고요하고 추운 겨울 하늘 아래, 우주에서도 보이는 특별한 빛이 종종 하늘을 휘감아요. 북극광 또는 오로라라고 알려져 있는 이 빛은 태양에서 방출된 플라스마(대전입자)의 일부가 지구의 자기장에 이끌려 대기로 들어오면서 공기 분자와 반응해 빛을 내는 현상이에요. 태양에서 사방으로 내뿜는 이런 플라스마의 흐름을 태양풍이라고 하는데, 다채로운 색깔의 오로라는 태양풍의 전기 입자들이 대기 중의 분자를 쪼개기 때문에 나타나는 것이랍니다.

1925년, 탐험가 로알 아문센은 스발바르에서 비행선을 타고 북극으로 날아가려고 시도했지만 실패했어요.

## 눈 무지개

햇빛이 비에 닿으면 무지개가 피어나고, 눈송이와 만나면 희귀한 광경인 눈 무지개(스노우보우)가 나타날 수 있어요. 눈의 얼음 결정체는 휘어지거나 굴절되어 무지개색으로 분리된답니다.

▶ 눈 무지개는 매우 보기 드문 현상이에요. 밝은 햇빛과 가벼운 눈이 절묘하게 만나야 나타나거든요.

▼ 북극곰은 먹을 수 있는 것은 다 먹어요. 이 포식자는 죽은 바다 생물의 사체도 먹는답니다.

## 사냥꾼들

스발바르는 극한의 날씨에 잘 견디는 포유동물들과 인간이 공유하는 공간이에요. 북극곰은 보통 물개를 먹고 살지만, 적극적으로 인간을 사냥하기도 하는 몇 안 되는 포유류 중 하나예요. 그들은 스발바르의 넓은 지역을 돌아다니며, 광활한 얼음 위를 걷는 것도, 수영도 잘한답니다.

# 타오르는 섬

가장 놀랍고 대단한 일들은 지구 표면 아래에서 일어나요. 지구의 힘은 화산 열점을 통해 가늠해 볼 수 있는데, 그것을 목격하기에 가장 좋은 곳이 바로 하와이랍니다.

## 빅아일랜드

하와이 원주민들이 전하는 신화에 따르면, 화산의 여신 펠레가 화가 나서 발을 동동 구르면 지진이 일어나고, 마법 지팡이를 흔들면 화산 폭발이 시작된다고 해요. 만약 그 신화가 사실이라면, 펠레는 하와이의 빅아일랜드에서 매우 화가 났나 봅니다. 빅아일랜드는 지구에서 가장 대단한 화산을 가지고 있는 곳이거든요.

### 마우나로아산

- 세계에서 가장 큰 활화산이에요.
- 돔의 지름은 103킬로미터예요.
- 세계에서 가장 큰 단일 산 중 하나랍니다.
- 1950년에 용암이 흘러나와 인근 마을을 덮쳤어요.

## 가장 큰 활화산

마우나로아산은 하와이 제도에서 가장 큰 섬인 빅아일랜드의 절반 이상을 덮고 있어요. 처음 기록된 화산 폭발은 1843년에 발생했고, 그 이후로 30번 넘게 분화했지요. 방사성 탄소 연대 측정을 통해 용암을 분석한 결과, 과학자들은 최초의 화산 폭발이 최소 100만 년 전에 발생했음을 알아냈어요. 분명 언젠가 또다시 폭발할 거라고 해요.

▼ 마우나로아의 용암이 분화 중에 갈라진 틈으로 분출되고 있어요. 용암은 끈적한 액체 상태라 쉽게 흐른답니다.

▼ 마우나케아의 눈 덮인 분화구 둘레에는 화산 분출물이 쌓여 형성된 원뿔 모양의 작은 언덕인 분석구들이 많이 있어요.

### 마우나케아산

- 해저의 바닥으로부터 9킬로미터 높이예요.
- 돔의 지름은 50킬로미터예요.
- 세계에서 가장 큰 천문대가 이 산의 경사면에 위치해 있어요.

### 마우나케아산

하와이섬은 500만 년 전 태평양 지각판이 지구의 맨틀에 있는 열점을 통과하면서 생겨난 화산들의 결과물이랍니다. 현재 화산 활동을 쉬고 있는 마우나케아는 약 80만 년 전 해저에서 분화를 시작했는데, 해저부터 측정한다면 에베레스트산보다 더 높아요. 마우나케아의 마지막 분화는 4500년 전에 발생했지만, 화산학자들에 따르면 언젠가 다시 분화할 거라고 해요.

◀ 빅아일랜드는 거대한 화산들 외에도 정글이나 눈 덮인 산까지 다양한 기후를 보여 줍니다.

### 화산학자들의 활약

화산학자들은 화산 활동에 대한 정보를 수집하기 위해 위험을 무릅쓰고 중요한 임무를 수행해요. 여전히 지진과 화산을 정확하게 예측할 수는 없지만, 온도, 가스, 용암 흐름, 지진 활동과 같은 데이터를 수집하는 작업은 지질학적 사건의 중요한 전조를 예상하는 데 도움이 된답니다.

### 킬라우에아산

- 세계에서 가장 활발한 화산이에요.
- 평균적으로 1분마다 약 49만 2000리터의 용암을 분출해요.
- 거대한 폭발이 거듭되고 있기 때문에 이 화산은 지구에서 가장 위험한 화산 중 하나로 꼽답니다.

▼ 킬라우에아에서 타오르는 검은 용암이 용암 지각 아래에 있는 바다로 흘러들고 있어요.

### 활화산

활화산이 뿜어내는 소리와 냄새, 그리고 위협적인 모습은 실로 대단해요. 킬라우에아는 하와이어로 '분출'을 의미해요. 1983년 이후 간헐적으로 또 지속적으로 분화를 계속하고 있으며, '푸우오오'라고 불리는 킬라우에아의 남동쪽 분화구에서는 어마어마한 양의 용암과 가스, 화산재가 분출되었지요. 킬라우에아는 고대 유적지, 마을, 열대 우림을 파괴하면서 환경에 엄청난 피해를 입혔답니다.

109

# 에메랄드 세상

멕시코의 유카탄반도에는 '세노테'라고 불리는 천연 물웅덩이가 있어요. 따뜻한 태양빛이 세노테를 통과해 바닥까지 비추기도 하지요. 유카탄반도에는 이런 곳이 무려 3000군데나 있답니다.
세노테는 물에 잠긴 동굴, 고대 마야인들이 남긴 제단, 눈먼 물고기가 있는 신비한 지하 세계로 가는 입구라고 할 수 있어요.

▶ 풍부한 지하수 덕분에 풍성하게 우거진 열대 식물이 유카탄의 세노테를 둘러싸고 있어요.

## 햇살 가득한 곳

유카탄에 있는 대부분의 동굴들은 석회암을 통과하며 여과된, 믿을 수 없을 정도로 깨끗하고 반짝이는 지하수 웅덩이를 품고 있어요. 어떤 곳에서는 햇살이 바닥까지 닿는 모습을 볼 수 있답니다.

◀ 민물에 사는 담수거북은 세노테에서 식물을 먹고 살지만, 종종 햇볕을 쬐기 위해 기어 나오기도 해요.

## 공포의 장소

이곳에서는 모든 물이 구멍을 따라 흘러내려 동굴로 들어가기 때문에, 땅을 가로지르는 강은 거의 없어요. 세노테도 그래서 생긴 거예요. 세노테는 마야인들에게 큰 의미가 있었답니다. 마야인들은 이곳이 공포의 장소로 알려진 지하 세계로 통하는 문이라고 믿었어요. 세노테들 중에는 지역 주민들에게 물을 공급하는 역할을 하는 곳도 있었지만, 제물을 바치려는 목적으로 사용된 곳도 있어요. 비의 신을 달래기 위해 사람들을 세노테에 밀어 넣기도 했거든요.

▲ 이 오래된 해골은 세노테에서 발견되었어요. 아마도 제물로 희생된 사람의 유골일 거예요.

어두운 세노테에 사는 작은 물고기인 다마에게 시력은 아무 소용이 없었어요. 그래서 시간이 지남에 따라 다마는 시력을 아예 잃어버렸답니다.

## 운석 충돌

세노테의 주변 암석은 한때 거대한 석회암 평야의 일부였지만, 약 6500만 년 전 유카탄반도의 칙술루브에 운석이 떨어지면서 파괴된 것으로 보여요. 이 운석 충돌로 공룡도 멸종되었다고 여겨지죠. 이 암석 고원은 비에 의해 더욱 약해지면서 녹아내렸어요. 시간이 흘러 작은 동굴과 터널이 무너지면서 거대한 동굴이 되었답니다.

## 꽃 동굴

지금까지 약 500킬로미터의 동굴과 물 터널이 지도로 기록되었어요. 유카탄에 있는 가장 큰 동굴은 롤툰 동굴이라고 불리며, 그 이름은 마야어로 '꽃과 돌'을 뜻해요. 이 동굴들의 종유석은 부딪힐 때 종소리 같은 소리를 내며, 고고학의 발견에 의하면 7000년 전에 처음으로 동굴에 사람이 살았다고 해요.

◀ 멕시코 해안가에 위치한 유적지 툴룸에는 '그란 세노테'라고 불리는 꽤 유명한 세노테가 있어요. 이 석회암 구조물은 종종 고층 건물이 즐비한 작은 도시에 비교된답니다.

# 알 수 없는 미래

▶ 콩고민주공화국에 있는 비룽가 국립공원의 일부 지역은 계속되는 화전 농업으로 황폐해졌어요. 화전 농업은 나무나 식물을 태워 그 재를 거름 삼아 농사를 짓는 방법을 말해요.

지금까지 우리 인간은 과거에 발생했던 거대한 운석 충돌과 화산 대폭발에 맞먹을 정도로 지구 환경을 뒤바꿔 놓았어요. 그로 인한 피해는 오로지 미래 세대만이 확실히 알 수 있을 거예요.

## 피폐해진 야생

서식지 감소, 밀렵, 종족 간 싸움 등의 영향으로 멸종 직전에 몰린 비룽가 국립공원의 마운틴고릴라는 적은 수만 남아 있어요. 증가하는 인구로 인해 서식지가 끊임없이 위협을 받고 있고, 삼림 벌채로 숲도 많은 부분이 파괴되어 여전히 위험한 상태랍니다.

▶ 다양한 산호들이 화려한 카펫처럼 펼쳐져 있어요. 특이한 모양에 따라 뇌, 상추, 부채, 별과 같은 이름이 붙여지기도 해요.

▶ 비룽가 국립공원은 아프리카에서 가장 오래된 보호 구역이며, 약 100마리의 마운틴고릴라가 서식하고 있어요.

## 바닷속 무덤

중앙아메리카에 위치한 작은 나라 벨리즈의 바다는 북반구에서 가장 독보적인 산호초 지역으로 손꼽힌답니다. 특히, 바다거북과 해우(바다소), 바다악어 등 멸종 위기에 처한 해양 생물들의 중요한 서식지로 여겨지고 있지요.

▲ 벨리즈의 산호는 환경 오염과 수온 상승으로 인해 죽어가고 있어요.

## 차츰 줄어드는 사해

사해는 1만 년에 걸쳐 서서히 축소되어 왔어요. 그런데 최근에는 불과 25년 만에 면적이 5분의 1로 줄어들었답니다. 주변 지역에서 요르단 강물을 더 많이 끌어다 쓰면서 사해에 도달하는 물의 양이 감소했기 때문이에요. 소금 생산을 위해 물을 제거하는 작업도 사해가 줄어드는 또 하나의 원인이에요.

▼ 사해는 이스라엘과 요르단 사이의 육지로 둘러싸인 염분이 높은 호수예요.

▼ 양수장에서는 사해의 물을 증발못에 가두고 자연 증발시켜 소금을 추출해요.

◀ 플로리다의 담수 지역에서 자라는 슬래시 소나무는 새와 작은 포유류의 서식지입니다. 목재는 상업적 용도로도 사용되지요.

## 에버글레이즈가 영원할까?

지난 70년간 사람들은 미국 플로리다의 에버글레이즈 습지를 매립해 건물을 짓거나 농업을 해 왔고, 또 도시 지역에 물을 공급하기 위해 습지에서 물을 끌어다 썼어요. 그로 인해 환경이 많이 훼손되었답니다.

▲ 미국 플로리다주에는 에버글레이즈라는 습지대가 있어요. 매립지에 주택이 건설되면서 동물들의 서식지가 사라지고 전체 생태계가 파괴되고 있지요.

# 대단한 자연의 힘

땅 위의 모든 것을 휩쓸어 버리는 토네이도부터 집을 무너뜨리는 지진에 이르기까지, 지구에 재앙을 일으키는 강력한 자연의 힘에 대해 알아볼까요?

| | |
|---|---|
| **초기 화산 폭발** | 116 |
| **화산 폭발 현장** | 118 |
| **성난 바다** | 120 |
| **사라지는 해안** | 122 |
| **모래 폭풍** | 124 |
| **불이야! 불이야!** | 126 |
| **쓰나미!** | 128 |
| **번쩍! 쾅!** | 130 |
| **바람의 파괴력** | 132 |
| **몬순** | 134 |
| **거대한 구멍** | 136 |
| **산사태와 눈사태** | 138 |
| **강력한 태풍** | 140 |
| **무시무시한 지진** | 142 |
| **토네이도** | 144 |
| **홍수** | 146 |
| **세기의 폭풍** | 148 |

◀ 거대한 슈퍼셀 폭풍이 미국 사우스다코타주 상공에 닥쳐들면서 번개가 번쩍이는 모습이에요. 섬뜩하고도 위험적인 장면이지요.

# 초기 화산 폭발

| 45억 4000만 년 전 | 45억 2000만 년 전 | 45억 년 전 |
|---|---|---|
| 지구의 탄생 | 달의 생성 | 화산의 분화 시작 |

큰 화산 폭발은 거대하고, 갑작스럽고, 파괴적이에요. 넓은 지역을 뒤흔들며 용암과 화산재를 쏟아 내지요. 오늘날 대규모 화산 폭발은 10년 또는 20년에 한 번씩 일어나지만, 지구가 탄생한 직후에는 세계 곳곳에서 종종 화산 폭발이 있었답니다.

▼ 지구는 작은 암석 조각들이 서로 달라붙으면서 형성되었어요. 원시 행성은 빠르게 성장했고 대기를 형성했습니다.

◀ 원시 행성이라고 불리는 초기 행성들은 주변의 암석과 먼지가 중력에 이끌려 모여들면서 생겨났어요.

## 태양계 형성

오래전, 초신성이 폭발해 거대한 먼지와 가스 구름을 뒤흔드는 충격파가 발생했어요. 이 구름은 회전하기 시작했고, 이내 액체로 응축되면서 덩어리를 이루게 되었지요. 중앙 부분은 불타는 태양이 되었고 바깥쪽 덩어리는 행성을 형성했어요. 이렇게 해서 45억 년 전 태양계가 구성되었답니다.

| 44억 년 전 | 40억 년 전 | 41억~38억 년 전 | 35억 년 전 | 30억 년 전 |
|---|---|---|---|---|
| 지구가 식기 시작하면서 물이 생성됨 | 알려진 가장 오래된 암석이 이 시기에 형성 | 지구에 소행성과 운석이 충돌 | 생명의 탄생 가능성이 있음 | 생명체의 존재 확인 |

▼ 홍수와 거대한 파도가 초기 땅을 형성하면서, 격렬한 폭풍우가 수천 년 동안 지속되었어요.

지구의 초기 대기는 유독 가스를 많이 포함하고 있었어요.

### 뜨거운 암석

초기 지구는 뜨거운 지옥 같은 곳이었어요. 계속 증가하는 내부 중력에 의해 가스와 먼지가 압축되면서 뜨거운 암석이 되었지요. 화산은 방대한 지역을 뒤덮었고 수백만 년 동안 폭발했어요. 유독 가스와 화산재가 뿜어져 나왔고, 갈라진 틈과 분출구에서 이글거리는 용암이 흘러나왔어요. 엄청난 열과 유독성 대기로 인해 지구는 어떤 생명도 살 수 없는 환경이었답니다.

### 원시 행성

태양 주위를 도는 덩어리 물질들은 다른 덩어리들을 끌어당겨 여러 개의 원시 행성을 이루었는데, 그중 하나가 지구랍니다. 당시는 이 행성들에 우주 파편들이 날아들고 추가되고 충돌하는 엄청난 격동의 시기였어요. 원시 행성들은 회전하면서 동그란 공 모양을 갖추게 되었답니다.

### 바다의 생성

행성이 식으면서 화산 증기는 액체 상태의 물로 응축되었어요. 또한 미행성 대충돌기(대폭격)에 기화된 운석과 소행성의 충돌이 반복적으로 일어나면서 더 많은 물이 형성되었을 수도 있어요. 이렇게 생겨난 물이 암석에서 흘러내려 고이면서 바다를 이루었지요. 날씨는 여전히 더웠고, 바위에서는 김이 모락모락 났답니다. 파괴적인 현상들이 서서히 사라지고, 기온이 안정되면서 물속에서 초기 미생물들이 나타났어요. 그렇게 생명의 시대가 시작되었답니다.

117

# 화산 폭발 현장

어떤 화산들은 매일 용암을 토해 내고, 또 어떤 화산들은 몇 달 또는 몇 년 동안 아무런 활동을 하지 않는답니다. 세인트헬렌스 화산은 수년간 활동을 멈춘 휴화산 상태를 유지하다가 1980년에 갑자기 폭발하면서 미국 워싱턴주를 비롯해 주변의 11개 주에 큰 피해를 입혔어요. 그곳에 있었다면 어떤 일을 겪었을까요?

북쪽의 팽대부는 3주 동안 발달했고 135미터나 상승했어요.

### 3월 20일
시애틀에서 남쪽으로 145킬로미터 떨어진 곳에서 헬리콥터를 탄 지질조사팀이 세인트헬렌스산 근처에 도착했어요. 며칠간 작은 진동이 있었다는 보고가 있었거든요. 이틀 전에는 4.1리히터(지진의 강도를 나타내는 척도) 규모의 지진이 측면을 흔들었어요. 120년 동안 휴화산이었던 세인트헬렌스 화산이 깨어나고 있는 거예요.

조사팀은 아황산 가스와 다른 성분의 가스를 분석하기 위해 분출구에서 증기 샘플을 수집했어요.

### 3월 27일
조사팀은 지진계와 데오돌라이트(고도와 수평각을 측정하는 데 사용하는 광학 기계) 및 다른 장비들을 설치했어요. 많은 양의 증기와 재, 암석 덩어리가 무시무시한 소리와 함께 쏟아져 나왔어요. 산의 정상에 있는 분화구가 지름 76미터에 달하는 더 작은 기생 분화구들을 만들어 내며 더 많은 분출물이 해당 지역을 덮기 시작했지요.

### 3월 30일
몇 분마다 작은 진동이 일어났어요. 또 다른 기생 분화구가 생겨났어요. 용암에서 나오는 가스가 밤하늘을 덮었고, 폭풍이 일며 번개가 내리쳤어요.

### 4월 29일
경사각을 이용한 삼각측량 판독 결과 산의 북쪽이 76미터 정도 불룩하게 솟아올랐고, 마그마 때문에 강해진 내부 압력으로 인해 매일 2미터씩 커졌어요. 매일 수백 번의 진동이 일어났지요.

**1980년 3월**

| Tuesday | Wednesday | Thursday | Friday | Saturday |
|---|---|---|---|---|
| | | | | 1 |
| 4 | 5 | 6 | 7 | 8 |
| 11 | 12 | 13 | 14 | 15 |
| 18 | 19 | 20 ✱ | 21 | 22 |
| 25 | 26 ✱ | 27 | 28 | 29 |

### 5월 23일

320킬로미터 이상 떨어진 곳에서 1차 분화 소리가 들려온 지 닷새가 흘렀어요. 판독 결과 산이 400미터 더 낮아졌어요. 항공기로 둘러보니 화산재 구름이 3000미터까지 상승했으며, 수백 킬로미터 떨어진 곳에서도 보일 정도였지요. 3200킬로미터 떨어진 곳에도 화산재가 떨어졌답니다.

화산 폭발로 잿더미가 된 통나무들이 근처 스피릿 호수에 성냥개비처럼 놓여 있어요. 화산의 영향으로 이 호수도 수면이 60미터나 상승했답니다.

## 뉴스 속보
### 1980년 5월 18일, 세인트헬렌스산이 분화하다!

오후 8시 30분이 조금 지난 시각, 지진계가 안정권을 벗어났습니다. 세인트헬렌스산의 북쪽은 산산조각이 나 버렸어요. 대규모로 분출된 용암이 거대한 산사태처럼 시속 240킬로미터의 속도로 흘러내렸고, 27킬로미터 이상의 길이 진흙, 바위, 잔해로 뒤덮였습니다. 지진 활동은 오후 3시에 최고조에 달했어요. 압력이 방출되면서 화산재, 암석 입자, 가스로 이루어진 과열된 구름이 폭 40킬로미터, 길이 32킬로미터의 지역을 불태웠습니다. 빙하가 녹고 라하르(화산재 이류)가 섞여 거의 80킬로미터까지 흘러 내려왔습니다.

## 데일리 뉴스

세인트헬렌스 화산 폭발 여파로 57명 사망! 200여 채의 집과 건물이 파괴! 160킬로미터에 이르는 도로가 붕괴! 650제곱킬로미터 이상의 면적이 불타고 재가 되었습니다!

### 온통 재로 뒤덮인 이곳은 이제 어떻게 될까요?

다행히도 몇 주 안에 식물들이 싹을 틔우고, 몇 달 사이 많은 동물들이 되돌아왔답니다!

# 성난 바다

물은 무거워요. 15개의 욕조를 가득 채운 물의 무게는 대형 승용차의 무게와 비슷하지요. 물이 움직이면 엄청난 파괴력을 가질 수 있어요. 바닷물은 조류, 해류, 소용돌이, 물기둥(용오름), 폭풍 해일 등에 의해 항상 움직인답니다.

▼ 거센 조류로 유명한 캐나다 펀디만은 밀물과 썰물 때의 높이 차이(조수 간만 차)가 18미터를 넘어요. 썰물 때는 어선이 옆으로 쓰러지기도 하지요. 그러다가 5시간 후 만조 때가 되면, 항구에 물이 가득 찬답니다.

## 조석보어

조석보어는 밀물이 갑자기 더 높게 밀어닥치는 현상으로 해일파 또는 조수 해일이라고도 해요. 조석파(조석을 일으키는 물결)의 높이가 클수록 앞으로 나아가는 속도가 빨라지고 파도의 앞부분이 점점 가팔라지면서 결국 거의 수직을 이루기도 한답니다. 조석보어는 좁고 얕은 강으로 흘러 들어가 강의 흐름을 방해할 수도 있어요. 세계에서 가장 높은 조석보어는 중국의 첸탕강에서 볼 수 있는데, 높이가 9미터에 이르고, 시속 40킬로미터의 속도로 움직인답니다.

◀ 2010년 3월, 영국의 세번강에 조석보어 현상이 발생해 세계 각지의 서퍼들이 몰려들었답니다.

## 조수 또는 조석

조수의 상승과 하강은 지구의 24시간 자전과 달과 태양의 중력의 상호 작용 때문에 생겨요. 만조 때에는 바닷물이 들어와 해수면이 올라가고, 간조 때에는 바닷물이 빠져나가 해수면이 낮아지지요. 캐나다의 펀디만과 언게이바만은 모두 4층 건물을 덮기에 충분한 16미터 이상의 커다란 조석 차이를 보인답니다.

물 위에서 일어나는 용오름(물기둥)의 최대 길이는 100미터, 높이는 1500미터에 이를 수 있고, 초속 76미터의 속도로 이동한답니다.

### 소용돌이

조수와 해류는 바다에 사나운 소용돌이를 만들어요. 인접한 조수가 다른 속도로 또는 반대 방향으로 흐를 때 회전을 하지요. 거대한 소용돌이는 높이 1미터, 지름 46미터의 크기에 이른답니다. 소용돌이를 만나면 배가 침몰한다는 말이 있으나, 사실 아래로 회전하지는 않기 때문에 배가 피해를 입을 일은 거의 없어요.

▼ 2011년 일본에서 발생한 쓰나미는 거대한 소용돌이를 일으켰어요.

노르웨이 살츠스트라우맨 해협의 가장 격렬한 소용돌이는 시속 64킬로미터의 속도로 움직여요.

### 폭풍

폭풍은 낮은 해안을 따라 강한 바람을 일으켜요. 바닷물을 높이 쌓아올려 육지로 날려 버리지요. 물이 만으로 흘러 들어올 때 그 효과는 더욱 강력해진답니다. 1899년, 열대성 폭풍인 마히나는 파도를 14미터 높이로 들어올렸고, 배서스트만으로 들이닥쳐 300명 이상의 사람들을 사망에 이르게 했어요. 육지에 범람한 바닷물로 인해 수년간 식물이 자라지 못하는 염분으로 가득한 땅이 되어 버렸답니다.

▼ 2007년 네덜란드의 스케브닝겐에 강력한 폭풍 해일이 일어났어요.

# 사라지는 해안

아무리 단단한 암석이라도 몇백 년에 걸쳐 꿈쩍없이 다가와 부딪치는 파도의 힘에는 굴복할 수밖에 없어요. 부드러운 암석으로 이루어진 해안은 폭풍우 한 차례에도 완전히 쓸려 나갈 수 있지요. 해안가 절벽이 단 몇 초 만에 무너지면서 그 위에 있던 건물들까지 아래로 추락할 수도 있어요.

▶ 오스트레일리아 빅토리아주의 포트 캠벨 국립공원에는 파도가 부드러운 퇴적 석회암을 침식시켜 자연적으로 형성된 아치가 있어요.

## 우아한 아치들

해류와 파도가 끊임없이 부딪는 곳의 큰 부분을 긁어 구멍을 내면서 암석에 국선의 아치를 만들기도 해요. 지중해 지형으로 영국에서 촬영자로 쓰이고 있어 20년 후에는 해안에서 암석이 지층의 조각들이 지속적으로 떨어져 모든다고 해요. 대표적인 침식 암석의 조각들이 지속적으로 떨어지지도 모든다고 해요. 하지만 암석 조각들이 지속적으로 시간적지도 모든다고 해요. 아직 전체가 완전히 사라지면서 시간적지도

## 지속적인 침식

침식은 단단한 암석보다 부드러운 암석에서 더 빨리 일어나요. 부드러운 암석으로 해안이 정벽 모양 섬들은 두 5,000년에 사라지고 있어요. 일부 섬들은 매년 180미터씩 사라지지 거란 예상되지요. 이번 세기 말까지 더 사라질 것이 있는 연락지 마을에는 영국의 동부 해안에 있는 주민들이 살았어요. 함께 수천 명이 넘었던 주도운 도시의 점반이 1280년대에 열어난 이후 지속적인 침식으로 사라졌고, 현재 그곳에 사는 사람은 100명도 되지 않아요.

## 사라지는 섬들

섬들이 사라지는 이유는 여러 가지가 있어요. 아이슬란드 근처에 있는 쉬르트세이섬은 1963년 해저 화산의 분화로 화산이 수면 위로 솟아오르며 생겨났어요. 이 섬은 1967년까지 커지다가 점점 작아지고 있지요. 일부 섬들은 지각판이 지구 맨틀 쪽으로 내려가면서 가라앉고 있답니다. 섬이 사라지는 또 하나의 이유는 해수면이 상승하면서 섬이 지구 온난화로 사라지고 있지요.

▶ 해안이 침식되면 나무가 저렇게 땅이 줄어들이 나무가 뿌리째 뽑히기도 해요.

## 해안 침식

해안 침식은 바람, 조수, 해수면 상승 등에 의해 해안의 육지가 많이 없어지는 현상이에요. 침식의 정도는 암석의 종류와 단단한 정도, 해안선의 높이와 돌고선, 풍속, 해류의 각도, 폭풍우 등 여러 요인에 의해 결정됩니다. 특히 파도가 해수면 높이의 높은 암을 침식해 위에 있는 암석들이 무너질 때 문제가 발생하지요.

▲ 지중해 프랑스령의 코르시카섬은 해안 침식으로 인해 바다의 모래가 계속 쓸려 내려가 주민들이 집 앞까지 바닷물이 참범해 곤란합니다.

2010년 11월, 허리케인 토마스가 카리브해를 덮쳐 쇼프리에르슨의 절벽이 무너졌어요. 이로 인해 5000명이 넘는 사람들이 집을 잃었답니다.

# 모래 폭풍

▼ 2009년, 오스트레일리아의 시드니에 붉은 모래 바람이 불어닥쳤어요. 이로 인해 교통이 마비되었고, 사람들은 실내로 대피해야 했답니다.

모래 폭풍은 지평선 위의 희미한 안개 형태로 시작된답니다. 그러다 끓어오르듯 일어나는 모래와 먼지 벽이 점점 커지면서 빠른 속도로 세상을 덮어 버려요. 갑자기 온 세상이 갈색으로 물들어 버리지요. 눈앞에 내민 손조차 보이지 않지만, 사실상 볼 수도 없어요. 미세한 모래 입자가 눈을 찌르고, 콧구멍에 침투하고, 숨을 쉴 수 없게 만들거든요. 그냥 피하는 수밖에 없어요.

## 하부브

하부브는 집중적으로 휘몰아치는 작고 강력한 먼지 폭풍이에요. 대기가 온난한 지역 내에서 이동하는 차갑고 무거운 공기 덩어리가 그 원인이지요. 소나기구름인 적란운이 발달해 하강 기류와 함께 뇌우가 쏟아지면서 공기를 수평으로 퍼뜨릴 때 발생한답니다. 하부브는 사하라 사막과 중동, 오스트레일리아 중부와 북아메리카 남서부와 같은 건조한 지역에 영향을 미쳐요. 갑자기 발생해 최대 시속 96킬로미터의 속도로 불다가 몇 분 안에 지나간답니다.

## 먼지로 덮인 도시

미국 남서부에는 여름철에 바람을 타고 남쪽의 습한 아열대 공기가 밀려 들어와 모래 폭풍이나 먼지 폭풍을 자주 일으켜요. 애리조나주의 피닉스에는 시속 96킬로미터의 먼지 폭풍이 종종 발생해 교통과 항공, 사람들의 이동을 모조리 마비시킨답니다.

▶ 특히 건조한 봄철이 지난 여름에는 바짝 마른 먼지 폭풍이 몰려와 피닉스 일대를 덮어 버려요.

## 모래 폭풍의 핵심 요인

모래 폭풍이나 먼지 폭풍이 시작되는 데는 두 가지 요소가 필요해요. 첫 번째는 건조한 입자로, 비가 몇 주 동안 내리지 않고 강이 줄어들고 지하수의 수위가 낮아지는 건조한 지역에서 모래 폭풍이 주로 일어나지요. 두 번째는 상승 기류로, 일반적으로 건조하고 차가운 공기 덩어리가 뜨거운 땅 위를 지날 때 공기가 상승해요. 바람이 건조한 입자를 들어올려 그것들이 쉽게 떠다닐 수 있도록 더 작고 가벼운 조각들로 부순답니다.

▶ 인공위성으로 북동 아프리카에서 아라비아 반도까지 뻗어 있는 수백 킬로미터 너비의 거대한 황사를 추적합니다.

2012년, 사우디아라비아 리야드에서 갑작스러운 황사가 일어나 한낮에 어둠이 찾아왔어요. 오후 4시에 차량과 건물 조명을 켜야 할 정도였지요.

### 큰 피해와 문제
모래 폭풍과 먼지 폭풍은 사막화로 가는 과정이에요. 건조한 지역의 과도한 방목과 막무가내식 농업으로 인한 토양의 파괴가 먼지를 일으키는 주범이지요. 가뭄은 환경 문제를 악화시켜요. 사하라 남쪽의 북아프리카 사헬에서는 매년 100일 동안 모래 폭풍이 부는데, 인간이 만들어 낸 이런 사막이 최대 8킬로미터에 이르러 큰 문제가 되고 있어요.

▶ 케냐에 매년 찾아드는 가뭄기에 먼지 폭풍을 피해 노동자들이 도망을 가고 있어요. 가축은 영양실조를 겪고, 농장은 살아남기 힘든 상태가 됩니다.

### 얼른 피하세요!
황사 경보가 울리면 재빨리 대피해야 해요. 바람으로 인해 아주 작은 틈새에도 미세한 먼지가 날아들기 때문에, 거의 모든 것이 먼지로 뒤덮인다고 보아야 한답니다. 자동차, 트랙터, 우물, 통풍구 등은 사전에 덮개를 씌워 보호하고, 문이나 셔터, 창문 등은 빈틈없이 꽉 닫아야 해요.

▶ 중국 북서부 투루판시 주민들은 먼지로부터 호흡기를 보호하기 위해 매일 마스크를 쓴 채 생활하고 있어요.

# 불이야! 불이야!

불이 걷잡을 수 없이 번져 초목을 집어삼키는 산불이 났어요! 산불은 번개나 화산 용암, 낙석으로 인한 불꽃 등 자연적인 원인으로 인해 발생하기도 하고, 사람의 실수나 잘못으로 생기기도 해요. 산불은 짧은 시간에 효과적으로 진화하기가 어렵기 때문에 무엇보다 예방이 중요하답니다.

◀ 동아프리카의 광활한 초원에서 불이 났어요. 가젤이 순식간에 번지는 불을 바라보고 있어요.

▲ 화재를 진압하기 위해 소방관들이 소화기를 들고 출동하고 있어요.

## 자연 발생 산불

동아프리카 사바나, 아메리카 대초원, 오스트레일리아 덤불 같은 지역에서는 산불이 계절마다 발생하는 자연적인 일이에요. 매년 뇌우가 발생하면서 건기가 끝나는데, 번개가 마른 풀과 관목을 태우고 바람이 불길을 부채질해 크게 번지게 되지요. 불길은 빠르고 맹렬한 기세로 퍼지지만, 우기가 시작되면서 결국 잡힌답니다.

## 화재 예방

현대 소방은 큰 화재에 대비하기 위한 많은 수단을 동원해요. 우선 초목의 습도를 유지시켜 화재 예방에 힘써요. 정기적인 화재 위험이 있는 지역에는 불이 번지는 것을 막는 연소 차단대를 설치해 두지요. 실제로 화재가 일어나면, 헬리콥터가 출동해 불을 최대한 빨리 끄기 위해 총력을 기울인답니다.

▼ 오스트레일리아 멜버른 근처의 버닙 주립공원에서 소방 당국이 하늘을 가득 메우는 연기와 함께 거대한 불길이 번지는 것을 감시하고 있어요.

## 연쇄 화재

오스트레일리아에서 기록된 최악의 비극 중 하나가 2009년 2월 7일에 일어났어요. 빅토리아주 남부에서 두 달간 건조한 기후가 계속되다가 기온이 섭씨 43도 이상 치솟았고, 바람이 시간당 96킬로미터의 속도로 불기 시작했어요. 전력선에서 일어난 불꽃부터 부주의한 캠프파이어까지, 다양한 원인에 의해 400건이 넘는 산불이 일어났고, 이후 3주 동안 더 많은 화재가 발생했어요. 최종 사망자 수는 173명이었고, 수십 개의 마을이 파괴되었으며 넓은 지역이 모두 불에 타고 말았답니다.

▼ 다행인 것은 이 대규모 연쇄 화재가 끝난 지 불과 3개월 만에 언덕에서 새로운 식물들이 모습을 드러냈다는 거예요.

▼ 산불 현장에서 소방관들이 바람이 부는 방향을 확인하며 타들어가는 모습을 걱정스럽게 지켜보고 있어요.

## 강한 바람

거센 바람은 불이 났을 때 불꽃을 키우고, 시간당 24킬로미터의 속도로 불길이 번지게 합니다. 바람의 방향이 일정하다면, 소방관들은 화재 범위를 예측하고 대비할 수 있어요. 하지만 갑작스러운 바람의 변화는 불이 번지는 경로를 바꿔 더 큰 피해를 입힐 수 있습니다. 2012년 칠레 남부 카라우에 인근에서 발생한 화재로 소방관 6명이 숨진 적도 있어요.

## 검은색에서 녹색으로

다행스럽게도 식물과 동물은 산불에 제법 잘 대처한답니다. 나무는 껍질이 두껍고, 식물의 뿌리는 땅속에서 보호되며, 허브는 불에 탄 후에도 발아하는 내열 씨앗을 만들어요. 동물들은 땅속에 숨거나 도망치지요. 불길이 잦아들면 금세 새싹이 돋아나기 시작해요. 몇 주만 지나도 검게 그을렸던 곳이 다시 푸른빛을 띠게 되지요.

# 지진으로 인해 일본 북부 지역이 북아메리카에 2.4미터 더 가까워졌어요.

**3일 후**

어마어마한 양의 거센 물이 들이닥치며 모든 것을 휩쓸었어요. 보트, 자동차, 트럭, 기차 등이 장난감처럼 휩쓸렸고, 집과 건물, 공장들도 몇 초 만에 산산조각나 버렸어요. 도로, 철도, 배수 시설 및 여러 기반 시설들도 완전히 망가져 버렸답니다.

홍수가 덮친 해안에 있던 후쿠시마 원자력 발전소에서 폭발이 일어났어요. 지진 진동이 발생하자 자동 정지 장치가 작동했지만, 홍수로 인해 원자로의 냉각 시설이 멈춰 버렸어요. 곧이어 핵융해 가능성이 제기되면서 반경 20킬로미터 이내에 있는 사람들이 즉시 대피해야 했지요.

# 번쩍! 쾅!

강한 뇌우는 지구상에서 가장 치명적인 자연 현상 중 하나랍니다. 전 세계적으로 1초마다 2000곳 이상에서 우뚝 솟은 구름 아래의 집중호우, 거대한 우박, 폭풍우가 일어나고 있어요. 뇌우는 파괴력이 있어서 큰 피해를 입히는 경우가 많아요.

## 슈퍼셀

가장 큰 뇌우의 형태는 지름 80킬로미터, 높이 20킬로미터인 슈퍼셀이랍니다. 따뜻한 공기와 차가운 공기가 충돌하는 곳에서 생기는데, 회전하는 상승 기류를 동반하는 구름과 함께 강한 토네이도를 형성하는 것이 특징이에요. 하나 이상의 토네이도가 생겨나고 강한 바람과 폭우를 동반하지요.

▶ 2010년 7월 23일 매서운 폭풍우가 사우스다코타주를 강타해 어마어마한 우박을 쏟아 내는 거대한 슈퍼셀을 일으켰어요. 우박은 직경 20센티미터에 이르는 크기였답니다.

## 모루구름

수증기는 상승하면서 냉각되어 응축되고 심지어 얼기도 해요. 많은 양의 수증기와 강한 상승 기류가 만나면 적란운이 더 이상 수직 방향으로 발달하지 못하고 수평 방향으로 퍼져 나가는 형태의 '모루구름'이 된답니다. 구름 안에서 물방울은 상승, 결합, 하강, 그리고 다시 상승하는 식으로 움직여요. 이것은 결국 우박이나 폭설로 이어질 수 있답니다.

▼ 400킬로미터 높이에 있는 우주정거장에서 서아프리카 상공에 있는 거대한 적란운을 발견했어요. 적란운은 성층권 아래를 따라가다 자연 장벽에 부딪히면서 평평하게 퍼져 나갔어요.

## 우박

수증기는 시간당 160킬로미터 이상의 상승 기류에 의해 뇌우의 꼭대기로 날아가요. 이곳의 온도는 영하랍니다. 그 방울들은 결국 떨어지고 녹았다가, 다시 상승 기류에 휘말리기 전에 합쳐져요. 이것이 우박이 크기를 키우는 과정이랍니다. 가장 큰 것은 20센티미터가 넘고, 무게는 최대 1킬로그램까지 나가요.

▼ 2012년 6월 댈러스에서는 테니스공보다 큰 우박이 떨어져 차량 표면이 움푹 패이기도 했어요.

## 번개

번개는 소나기구름에서 발생해요. 공중 전기의 방전이 일어나 번쩍이는 불꽃 형태로 나타나는 현상이지요. 뇌운 안에 있는 양극와 음극의 전기 전하들이 분리되면서 일어나는데, 뇌우구름의 아래에는 음전하, 땅에는 양전하가 유도되면서 차이가 생기고 그 차이가 커지면 번개가 발생하게 되지요. 전위의 차가 클수록 번개의 발생 빈도와 강도도 커져요.

▶ 2008년 칠레 남부 차이텐 화산 폭발 당시 화산재 기둥에서 번개가 발생했어요. 무엇이 이런 화산성 전기 폭풍을 일으키는지 과학자들도 아직 확신하지 못합니다.

### 일반적인 번개는…

⚡ 일반적인 가정에 일주일 동안 전력을 공급할 수 있는 충분한 전기 에너지를 가지고 있어요.

⚡ 10억 볼트가 넘는 기전력을 가지고 있어요. 가정에 공급되는 기전력은 220~240볼트랍니다.

⚡ 태양표면 1.6~3.2킬로미터 길이의 온도보다 8배 더 뜨거운 섭씨 3만 500도의 온도예요.

⚡ 25만 암페어 이상의 전류가 흐릅니다. 보통 전구의 전류는 0.1암페어 미만이에요.

# 바람의 파괴력

대기 중에서 일어나는 여러 현상들은 공기의 엄청난 이동을 유발해요. 극한의 바람은 따뜻한 공기와 차가운 공기가 충돌할 때 종종 휘몰아치는 형태로 발달해요. 그로 인해 땅은 다양한 피해를 입고, 공중에서는 비행기 사고가 일어나기도 하지요.

뇌우를 동반한 강한 하강 기류는 지름 4킬로미터가 넘는 거대한 크기예요. 좁은 지역에 형성되는 강력한 하강 기류(순간 돌풍)는 이보다는 작은 크기랍니다.

## 직선으로 발생하는 피해

직선 바람과 거친 뇌우가 동반되는 드레초는 먼 거리를 빨리 이동하는 폭풍의 한 형태랍니다. 바람의 범위는 400킬로미터 이상이고, 최소 6시간 동안 지속되며, 속도는 시속 93킬로미터에 달해요. 드레초 안에서는 폭풍, 비, 우박, 뇌우를 동반한 강한 하강 기류가 형성돼요.

▲ 스콜선(한랭 전선에 따른 선)은 심각한 뇌우와 드레초를 발생시킬 수 있어요.

▲ 특정 지역에 집중된 강한 하강 기류를 '순간 돌풍'이라고 부르기도 해요. 뇌운에서 공기가 갑자기 차가워지면서 공기 기둥이 빠르게 아래로 이동하게 될 때 발생하지요. 공기의 습도가 높을 경우, 비가 같이 내리기도 해요.

## 강한 하강 기류

▶ 순간 돌풍으로 풍속이 빨라지면 조종사가 착륙 속도를 잘못 판단할 수도 있어 매우 위험하답니다.

어떤 폭풍우 상황에서는 빗방울이 떨어지면서 동시에 증발하기도 해요. 공기에서 열을 끌어당겨 빠르게 식고 무거워지기 때문이지요. 차가운 공기가 충분히 많으면, 갑자기 땅을 향해 곤두박질치다 중심에서부터 퍼져 나가요. 강한 하강 기류라고 알려진 이 바람은 시속 240킬로미터 이상으로 움직일 수 있어요.

구름 밑면
하강 기류
전선 유출 경계
강우

## 순간 돌풍

순간 돌풍은 불과 몇 분 동안 지속되지만 시속 240킬로미터의 속도로 맹렬하게 불기 때문에 토네이도만큼 위험할 수 있어요. 종종 사람들은 이 둘을 헷갈리기도 해요. 하지만 순간 돌풍과 토네이도 사이에는 중요한 차이가 있답니다. 토네이도는 바람이 중심 주위를 회전하기 때문에 회전 패턴을 남겨요. 반면 순간 돌풍은 중심에서 직선으로 뿜어져 나와 방사형(중앙에서 사방으로 뻗어 나간 모양)의 패턴을 남기며 피해를 입힌답니다.

▶ 부란은 몽골에서 자주 발생하는데, 눈과 얼음이 뒤섞인 바람이 불어 사람들이 돌아다니기 어려워요.

## 거센 눈보라

부란은 겨울에 시베리아와 중앙아시아에서 부는 블리자드(추위와 눈보라가 함께 몰아치는 강풍)의 일종으로 눈보라를 동반한 차갑고 강한 바람이에요. 겨울에는 영하 섭씨 28도 이하의 온도에서 눈보라나 얼음과 함께 불어요. 일반적으로 몇 시간 동안 시속 55킬로미터 이상의 속도로 불고, 시야를 90미터 이하로 축소시킨답니다.

# 몬순

남아시아에서는 태양열이 바다보다 땅과 공기를 더 빨리 데워요. 이처럼 대륙과 해양의 가열 용량 차이 때문에 계절에 따라 바람 방향이 바뀌는 현상을 몬순이라고 해요. 여름 몬순 기간은 일 년 중 가장 무더운 우기가 된답니다.

## 위협적인 몬순

계절 변화에 따른 바람의 방향 변화로 생기는 몬순은 생활에 위협이 될 수 있어요. 따뜻하고 습한 공기가 인도양에서 파키스탄, 인도, 방글라데시, 미얀마와 같은 남부 아시아 국가들을 향해 불어옵니다. 태양열에 데워진 공기가 땅 위로 올라가 엄청난 양의 비로 응축되고, 그로 인해 폭우가 내리게 되지요. 폭우는 보통 6월부터 9월까지 내리며, 남아시아를 시작으로 동남아시아와 오스트레일리아까지 그 영향권 안에 들어가게 된답니다.

▼ 몬순이 시작되는 첫 번째 징후는 하늘을 덮는 큰 비구름이랍니다.

## 파키스탄 침수

2010년 7월 하순부터 역대 가장 강력한 몬순 비가 파키스탄에 내려 광범위한 지역을 침수시켰어요. 거센 급류가 언덕을 넘어 저지대로 쏟아지면서 강둑이 무너지고 농장과 마을이 물에 잠기고 말았지요. 8월 중순까지 전국의 5분의 1이 침수되었고, 2000만 명의 이재민이 발생했으며, 약 2000명이 사망했답니다.

▼ 2010년 파키스탄에서 집중 호우로 홍수가 발생한 후, 사람들은 살림살이를 하나라도 더 건지기 위해 깊은 물속을 걸어 다녔어요.

2005년 7월 인도 뭄바이에는 36시간 동안 164센티미터 이상 비가 내렸어요. 뉴욕시에 1년 동안 내리는 비보다 많은 양이었답니다.

◀ 몬순 폭우가 내리면 여름의 뜨거운 열기를 식힐 수 있기 때문에 아이들은 물놀이를 하기도 해요.

## 폭우에서 살아남기

몬순은 해마다 주기적으로 찾아오기 때문에, 사람들은 미리 대비를 해요. 빗물 배수관, 관개 수로, 도로 및 기타 기반 시설은 홍수를 감당할 수 있도록 설계되어 있지요. 또 지역에 따라 물속에서 악어와 같은 동물을 만날 가능성이 있기 때문에 항상 조심해야 한답니다.

| 도시 | 연간 평균 강우량 |
|---|---|
| 인도, 모우신람 | 1187센티미터 |
| 콩고, 브라자빌 | 185센티미터 |
| 오스트레일리아, 시드니 | 122센티미터 |
| 미국, 뉴욕 | 119센티미터 |
| 브라질, 리우데자네이루 | 110센티미터 |
| 중국, 베이징 | 63센티미터 |
| 영국, 런던 | 61센티미터 |
| 미국, 로스앤젤레스 | 38센티미터 |
| 사우디아라비아, 리야드 | 10센티미터 |

# 거대한 구멍

1분 전만 해도 멀쩡한 땅이었던 곳에 갑자기 커다란 구멍이 생겨요. 싱크홀 현상이 나타난 것이지요. 모든 싱크홀이 이렇게 땅이 푹 꺼지는 급속도로 형성되는 건 아니에요. 하지만 일부 지역에서는 지형의 특성상 자연적인 싱크홀이 꽤 자주 발생하고, 건축이나 하수도 시설 등을 위해 사람들이 지하에서 일했던 곳에서도 싱크홀이 나타날 수 있어요.

▼ 2007년, 중앙아메리카의 과테말라시티에서 100미터 깊이의 싱크홀이 발생했어요. 헐거운 토양과 오래된 화산재로 지하수가 새어 들면서 발생했지요.

## 아래를 조심하세요!

싱크홀 등의 땅이 꺼지는 현상은 일반적으로 석회암, 백운석 또는 사암 같은 특정 종류의 암석에서 발생한답니다. 지하수가 지하의 숨은 공간이나 동굴을 조금씩 깎아 나가요. 그 동굴이 너무 커져서 지붕이 더 이상 지탱되지 않으면 그 위의 땅이 아래로 푹 내려앉고 말지요.

▲ 미국 텍사스주의 다이세타에서 발생한 싱크홀의 최종 크기는 지름 400미터, 깊이 60미터로 추정되었어요.

## 더 커지는 싱크홀

어떤 싱크홀은 작게 시작되어 점점 커지기도 해요. 미국 텍사스주의 다이세타에서 2008년 5월 싱크홀이 발생했어요. 이 싱크홀은 순식간에 나무와 자동차들을 집어삼켰고, 시간당 6미터씩 계속 확대되어 가로 길이 180미터, 깊이 45미터까지 커졌답니다. 땅 아래의 소금 더미가 무너진 것이 그 원인이었던 걸로 보여요. 주변 암석보다 밀도가 낮은 소금 덩어리가 지각 아래 몰려 있었거든요.

태풍 메기의 경로를 위성으로 추적했어요. 메기는 10월 18일 필리핀에 상륙했답니다.

## 태풍 와시, 2011년

2011년 12월, 태풍 와시가 필리핀을 휩쓸었어요. 불과 몇 시간 만에 20센티미터의 비를 뿌렸고, 1미터 이상의 갑작스러운 홍수를 일으켰어요. 도로와 송전선, 다리, 터널 등을 휩쓸고 산사태를 일으킨 침수 때문에 1270여 명의 사망자가 발생했답니다.

태풍 와시의 강력한 홍수로 인해 자동차가 내동댕이쳐졌어요.

## 태풍 메기, 2011년

풍속이 시간당 240킬로미터 이상인 태풍을 슈퍼 태풍이라고 해요. 2010년 10월에 발생한 태풍 메기는 시속 295킬로미터의 속도로 관측된 슈퍼 태풍이었답니다. 메기는 필리핀 루손섬을 거쳐 중국으로 이동했고, 70명이 넘는 사람들의 목숨을 앗아갔어요.

필리핀에서 가장 큰 피해를 입은 마을 중 하나인 칼룸핏에서 구호 대원들이 식량 배급을 하고 있어요.

필리핀 경찰이 필리핀 북부 카우아얀에서 구호물자를 싣고 피해가 가장 큰 지역으로 가고 있어요.

## 태풍 네샷-날개, 2011년

2011년 9월 말과 10월 초에 태풍 네샷과 날개가 필리핀에서 100명 이상의 사상자를 냈어요. 네샷은 심각한 홍수를 일으켰고, 뒤이은 날개는 이미 심각했던 상황을 더욱 악화시켰지요. 태풍 네샷으로만 4만 5000채가 넘는 집이 파괴되었고, 일부 마을은 10일 이상 길이 막혀 고립되기도 했지요.

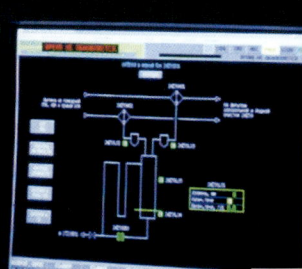

# 무시무시한 지진

2010년 1월 12일, 카리브해의 섬나라 아이티에서 리히터 규모 7.0의 엄청난 지진에 이어 규모 5.9와 5.5의 강력한 여진이 두 차례 발생해 큰 피해를 입혔어요. 당시 수십만 명이 사망했고, 복구 비용에 115억 달러가 들었답니다.

▼ 아이티의 지진은 단층이 서로 역방향으로 이동하는 주향이동 단층 운동이 일어나면서 발생한 것으로 알려졌어요.

1. 지각판은 서로 맞물려 마찰력에 의해 고정되어 있어요.

2. 이 마찰력을 넘어설 정도로 충분한 압력이 쌓이면, 파괴적인 지진파의 형태로 에너지를 방출해요.

▼ 포르토프랭스 시내 중심가에 본진이 발생한 후 이틀 만에 촬영한 사진이에요. 피해 규모가 짐작되지요?

### 진원지

당시 지진의 진원지는 아이티의 수도 포르토프랭스에서 남서쪽으로 25킬로미터 떨어진 곳의 지하 13킬로미터 지점이었어요. 카리브해와 북아메리카 지각판 일부가 서로 반대 방향으로 이동하면서 지진이 일어났지요. 일부 지역에서는 최대 1분간 지반이 흔들렸고, 800킬로미터나 떨어져 있는 쿠바에서도 진동이 느껴졌답니다.

### 지진의 영향

아이티는 지진을 자주 겪어 본 나라도 아니고, 경제 기반도 열악해 내진 설계가 제대로 된 건물이 없었어요. 그래서 지진의 피해가 더 극심할 수밖에 없었고, 포르토프랭스의 대부분이 초토화되고 말았지요. 병원, 교통, 통신 등 거의 모든 것이 마비되었고, 사람들은 살아남기 위해 발버둥쳤어요. 식량도 부족했을 뿐만 아니라, 질병으로 인한 사망도 많았답니다.

## 구호 활동

대규모 지진은 해당 지역의 기본적인 시설들을 파괴하고, 많은 사람들이 다치고 굶주리고 집을 잃게 한답니다. 대지진 이후 아이티를 위해 전 세계가 구호 활동을 시작했고, 의약품과 음식, 텐트, 연료와 같은 구호 물품이 전달되었어요.

▲ 포르토프랭스 최악의 피해 지역으로 식량과 의약품을 나르는 여객선에 아이티 사람들이 올라타고 있어요.

## 구조 전문팀

미국, 프랑스, 영국, 독일, 일본, 오스트레일리아를 포함한 세계 여러 나라에는 구조 전문팀이 항시 대기하고 있답니다. 그리고 국제적 재난이 발생한 지 몇 시간 안에 구조 활동을 시작하지요. 매몰된 곳에 갇힌 사람들을 찾기 위해 체온이나 희미한 소리, 심지어는 입으로 내뿜는 이산화탄소를 감지하는 정교한 장비도 갖추고 있어 다양한 재난 상황에 큰 도움을 주고 있어요.

▲ 붕괴된 건물에서 생존자를 찾은 구조대원들이 조심스럽게 피해자를 옮기고 있어요.

역사상 가장 강력한 지진은 1960년 5월에 발생한 칠레 대지진으로 리히터 규모 9.5를 기록했어요. (리히터 규모 10 이상이면 지상의 모든 것이 파괴된다고 알려져 있답니다.)

## 피해 규모

정확한 사망자 수는 알려지지 않았지만, 아이티 정부의 발표에 따르면 25만 명이 죽고, 30만 명이 다쳤다고 해요. 10만 채 이상의 주택이 무너져 내렸고, 수천 채의 건물들이 망가지기 200만 명이 집을 잃었고, 이재민들을 수용하기 위해 시내와 외곽에 수많은 텐트가 설치되었답니다.

▲ 노숙자들을 수용하기 위해 거대한 텐트와 방수포로 이루어진 임시 마을이 만들어졌어요. 위생 상태가 좋지 않았고, 사람들은 콜레라와 같은 질병의 위험에 시달렸답니다.

143

# 토네이도

세계에서 가장 빠른 바람은 토네이도 또는 트위스터로, 강하게 돌아가는 깔때기 모양의 회오리바람이에요. 북유럽부터 남아프리카에 이르기까지 여러 곳에서 시속 200킬로미터 이상의 속도로 불지요. 가장 사나운 토네이도 중 일부는 미국의 토네이도 앨리(미국 중부의 토네이도가 자주 발생하는 지역)에서 발생해요.

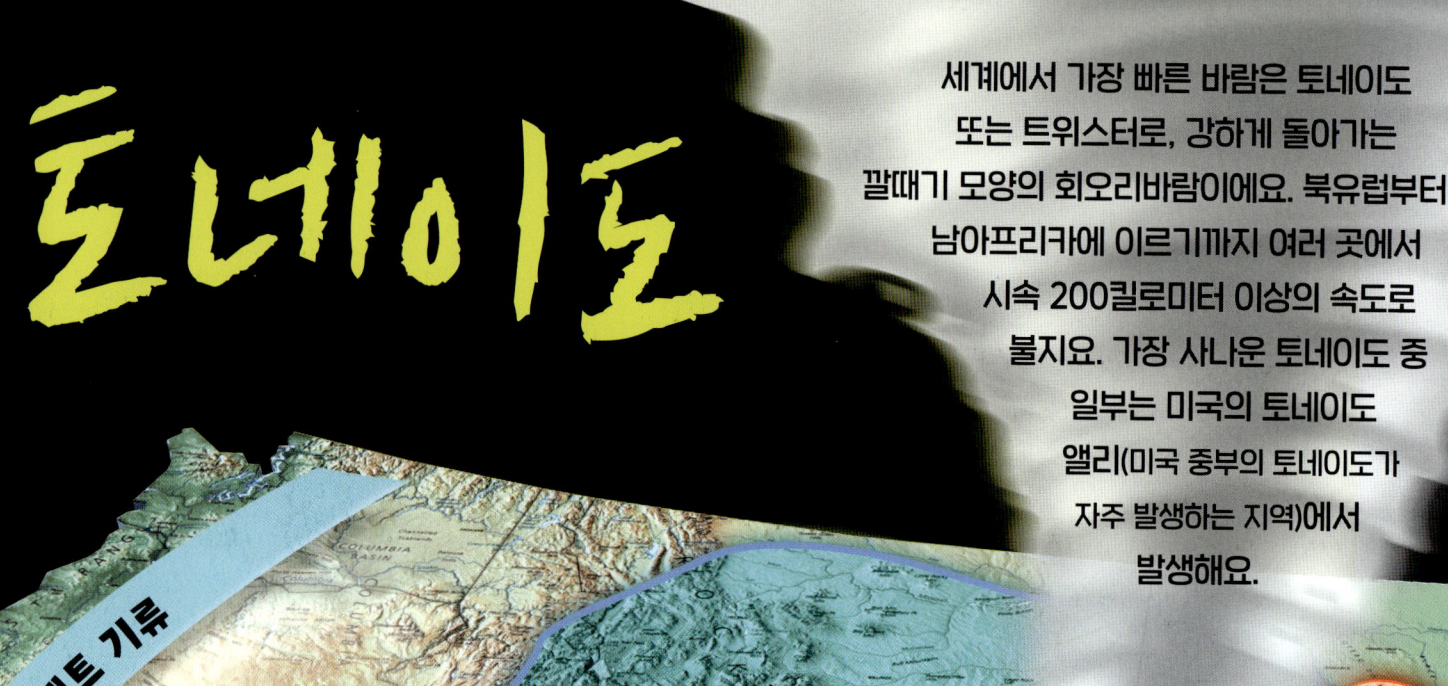

## 토네이도 앨리

토네이도 앨리는 텍사스 북서쪽부터 오클라호마와 캔자스를 거쳐 네브래스카까지 이어져요. 이곳은 그레이트플레인스(남북으로 길게 뻗어 있는 고원 모양의 대평원)로, 서쪽에 로키산맥, 동쪽에 애팔래치아산맥이 있는 광활한 평원이랍니다. 토네이도 앨리를 따라 로키산맥과 캐나다 북쪽의 건조하고 차가운 공기가 멕시코만의 따뜻하고 습한 공기와 충돌해요. 토네이도가 형성되기에 아주 완벽한 조건을 갖추고 있는 셈이지요.

## 토네이도 피해

탁 트인 농지에서 토네이도가 발생하면 농작물에 피해를 주고 인근 마을에 심각한 피해를 입혀요. 2011년 5월 미주리주 조플린을 강타한 토네이도처럼, 길고 좁으면서도 강력한 파괴의 흔적을 남기지요. 강풍은 시속 320킬로미터에 달했고, 120명 이상이 사망하고 1000명 넘게 부상을 입었어요.

▼ 토네이도로 인해 피해를 입은 지역을 공중에서 촬영한 모습이에요.

토네이도의 80% 이상은 4월에서 7월 사이, 그리고 오후 3시에서 7시 사이에 일어나요.

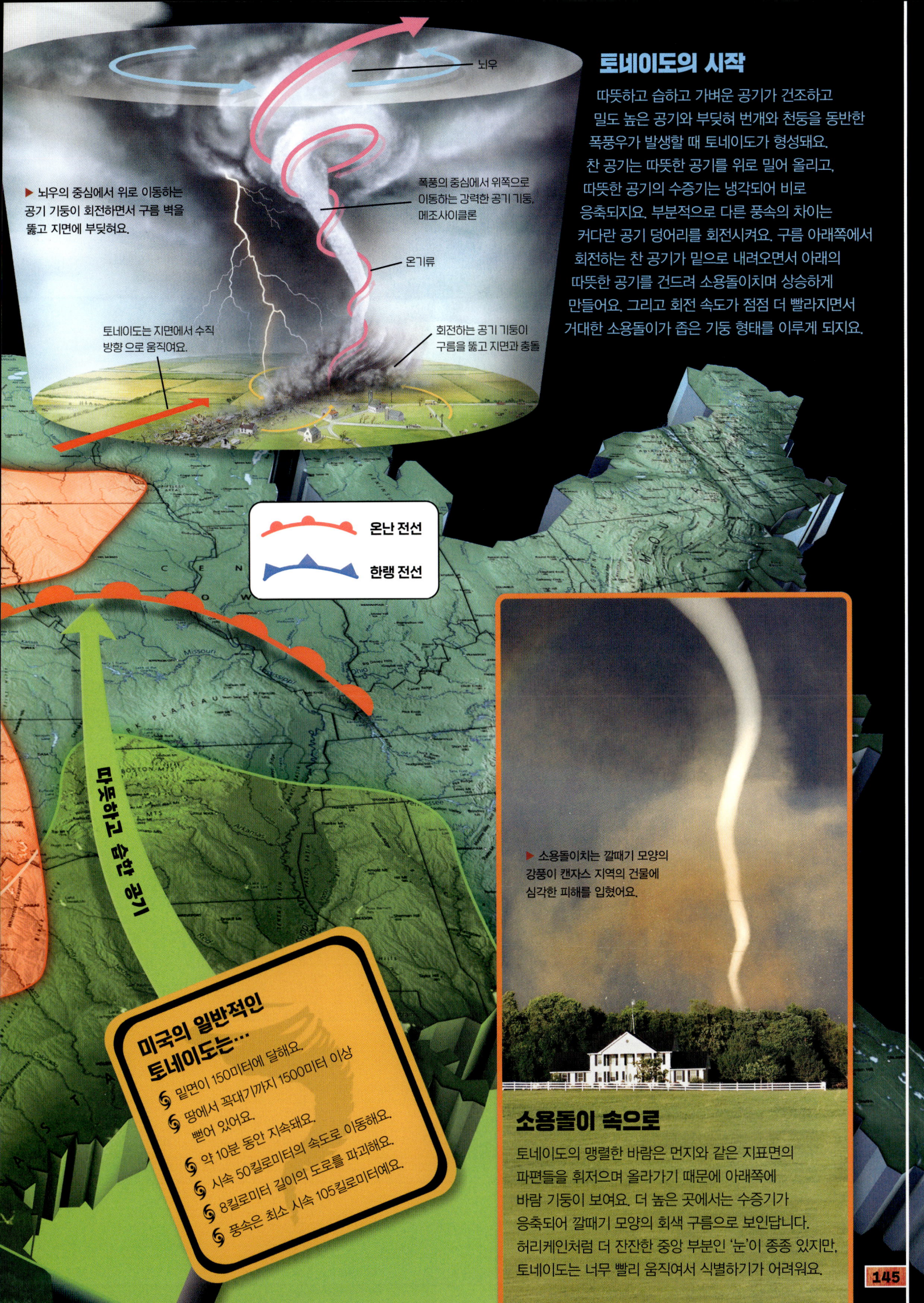

## 토네이도의 시작

따뜻하고 습하고 가벼운 공기가 건조하고 밀도 높은 공기와 부딪혀 번개와 천둥을 동반한 폭풍우가 발생할 때 토네이도가 형성돼요. 찬 공기는 따뜻한 공기를 위로 밀어 올리고, 따뜻한 공기의 수증기는 냉각되어 비로 응축되지요. 부분적으로 다른 풍속의 차이는 커다란 공기 덩어리를 회전시켜요. 구름 아래쪽에서 회전하는 찬 공기가 밑으로 내려오면서 아래의 따뜻한 공기를 건드려 소용돌이치며 상승하게 만들어요. 그리고 회전 속도가 점점 더 빨라지면서 거대한 소용돌이가 좁은 기둥 형태를 이루게 되지요.

▶ 뇌우의 중심에서 위로 이동하는 공기 기둥이 회전하면서 구름 벽을 뚫고 지면에 부딪혀요.

폭풍의 중심에서 위쪽으로 이동하는 강력한 공기 기둥, 메조사이클론

뇌우

온기류

토네이도는 지면에서 수직 방향으로 움직여요.

회전하는 공기 기둥이 구름을 뚫고 지면과 충돌

온난 전선
한랭 전선

따뜻하고 습한 공기

### 미국의 일반적인 토네이도는…
- 밑면이 150미터에 달해요.
- 땅에서 꼭대기까지 1500미터 이상 뻗어 있어요.
- 약 10분 동안 지속돼요.
- 시속 50킬로미터의 속도로 이동해요.
- 8킬로미터 길이의 도로를 파괴해요.
- 풍속은 최소 시속 105킬로미터예요.

▶ 소용돌이치는 깔때기 모양의 강풍이 캔자스 지역의 건물에 심각한 피해를 입혔어요.

## 소용돌이 속으로

토네이도의 맹렬한 바람은 먼지와 같은 지표면의 파편들을 휘저으며 올라가기 때문에 아래쪽에 바람 기둥이 보여요. 더 높은 곳에서는 수증기가 응축되어 깔때기 모양의 회색 구름으로 보인답니다. 허리케인처럼 더 잔잔한 중앙 부분인 '눈'이 종종 있지만, 토네이도는 너무 빨리 움직여서 식별하기가 어려워요.

퀸즐랜드 뉴스 | 2011년 10월

# 홍수

물은 지구의 생태계에 꼭 필요한 아주 중요한 요소랍니다. 하지만 너무 많은 물은 우리에게 피해를 주기도 해요. 물 폭탄이 쏟아져 홍수가 발생하면 집과 건물, 도로가 파괴되고 주변의 많은 것들이 휩쓸려 버리기도 하거든요. 2010년 12월, 호주의 퀸즐랜드주에 큰 홍수가 발생했어요. 당시 피해 상황을 보면 물이 얼마나 큰 파괴력을 가지고 있는지 확실히 알 수 있지요.

▶ 브리즈번 서남서쪽 입스위치에서 일어난 홍수로 인해 집이 완전히 잠겨 지붕만 남았어요.

▼ 라니냐는 동태평양의 적도 지역에서 해수면 온도가 평년보다 0.5도 이상 낮은 저 수온 현상이 5개월 이상 계속되어 생기는 이상 현상으로, 엘니뇨와 반대되는 현상이에요. 그 영향으로 동남아시아와 오스트레일리아 지역은 강수량이 크게 증가해 홍수가 일어나고, 페루와 칠레 지역에는 가뭄이 발생한답니다.

## 홍수의 원인

퀸즐랜드에 대홍수가 일어난 원인에는 여러 가지가 있어요. 그중에는 사이클론(강한 회오리바람을 일으키는 열대성 폭풍)도 있지요. 사이클론 타샤가 바다에서 밀려와 남서쪽 내륙을 향하며 넓은 지역에 강력한 폭우를 뿌렸거든요. 사이클론 타샤는 라니냐와 엘니뇨가 교대하는 주기에 맞춰 발생했어요. 라니냐는 엘니뇨에 대항해 몇 년마다 주기적으로 나타나는 현상이랍니다. 라니냐는 바다의 남동쪽으로 차가운 물을 끌어들이고, 이로 인해 따뜻하고 습하며 비를 머금은 공기가 오스트레일리아 쪽으로 밀려나지요. 일부 과학자들은 기후 변화와 지구 온난화 또한 홍수의 원인이라고 말해요. 정말 그런지는 앞으로 10년이나 20년 후에야 확인할 수 있을 거예요.

퀸즐랜드 뉴스 | 2011년 10월

1931년에 중국의 황허강이 홍수로 범람하면서 400만 명이 사망했어요. 이것은 세계 최악의 자연 재해로 기록되어 있답니다.

## 홍수 재난

2010년 12월부터 2011년 1월까지, 오스트레일리아의 북동쪽에 위치한 퀸즐랜드주는 엄청난 규모의 홍수에 시달렸어요. 넘쳐나는 물이 퀸즐랜드의 거의 절반을 덮어 버렸고, 정부는 퀸즐랜드의 4분의 3에 달하는 지역을 재난 지역으로 선포했어요. 홍수로 인한 급류로 탄광과 채석장이 침수되고, 도로와 철도가 떠내려가고, 주택과 건물이 파손되었고, 경제적 손실은 110억 달러가 넘는 것으로 알려졌어요.

홍수는 농작물에도 큰 피해를 입혔어요. 퀸즐랜드 남동부의 터움바 근처 수수 농장도 몽땅 망가져 버렸지요.

## 퀸즐랜드의 홍수

퀸즐랜드의 홍수는 12월 초에 평소보다 더 많은 비가 내리면서 시작되었어요. 크리스마스와 새해 동안 사이클론 타샤가 들이닥쳐 비가 계속 왔어요. 2011년 1월 9일부터 10일까지, 이미 비가 많이 내린 터움바 주변에 36시간 만에 15센티미터가 넘는 폭우가 내렸어요. 물이 도시 전체를 휩쓸면서 자동차와 트럭을 침수시키고, 도심을 완전히 폐허로 만들었답니다.

## 물에 잠긴 브리즈번

2011년 1월 11일, 동쪽으로 계속 흐르던 홍수가 퀸즐랜드의 주도 브리즈번 근처에 있는 입스위치에 이르렀어요. 입스위치를 휘감아 흐르는 브리머강(브리즈번강의 하위 집수지)의 수위가 20미터가량 올라갔고, 물이 점점 불어나 상류인 브리즈번강의 수위도 4.6미터나 상승했지요. 이로 인해 2만 채의 집이 침수되었답니다.

브리즈번에서 100킬로미터 떨어진 그랜샘 마을이 초토화되었습니다. 구조대원들이 흙탕물에 들어가 생존자를 찾고 있어요.

## 가장 큰 홍수는?

오늘날의 큰 홍수는 잔클레 대홍수에 비하면 작은 물방울에 불과해요. 약 500만 년 전, 현재의 지브롤터 해협에서 대서양의 물을 막고 있던 천연 댐이 지진으로 인해 무너지면서 어마어마한 물이 지중해로 쏟아져 들어왔는데, 그 양은 아마존강 유량의 약 1000배에 달했다고 해요. 이것이 지구상에 발생한 가장 큰 홍수로 꼽힌답니다.

# 세기의 폭풍

## 몇 년마다 큰 폭풍이 불어쳐요!

특정 조건이 충족되면 엄청난 크기와 힘을 가진, 맹렬하고도 완벽한 폭풍이 완성됩니다. 그러한 폭풍 중 하나가 1993년 3월 북아메리카 동부에서 발생했고, 세기의 폭풍으로 기록되었어요.

## 폭풍의 진로

1993년 3월 초, 멕시코 상공의 저기압이 멕시코만을 가로질러 쿠바와 플로리다로 향하는 도중 제트 기류와 합류했어요. 이 폭풍이 매줄에 걸쳐 대서양 연안을 따라 북쪽으로 이동해 캐나다로 향하는 동안, 차가운 공기가 먼 북쪽에서 밀려들었고 3월 말에야 폭풍이 잠잠해지기 시작했어요. 이 폭풍은 세기의 폭풍으로 기록되었답니다.

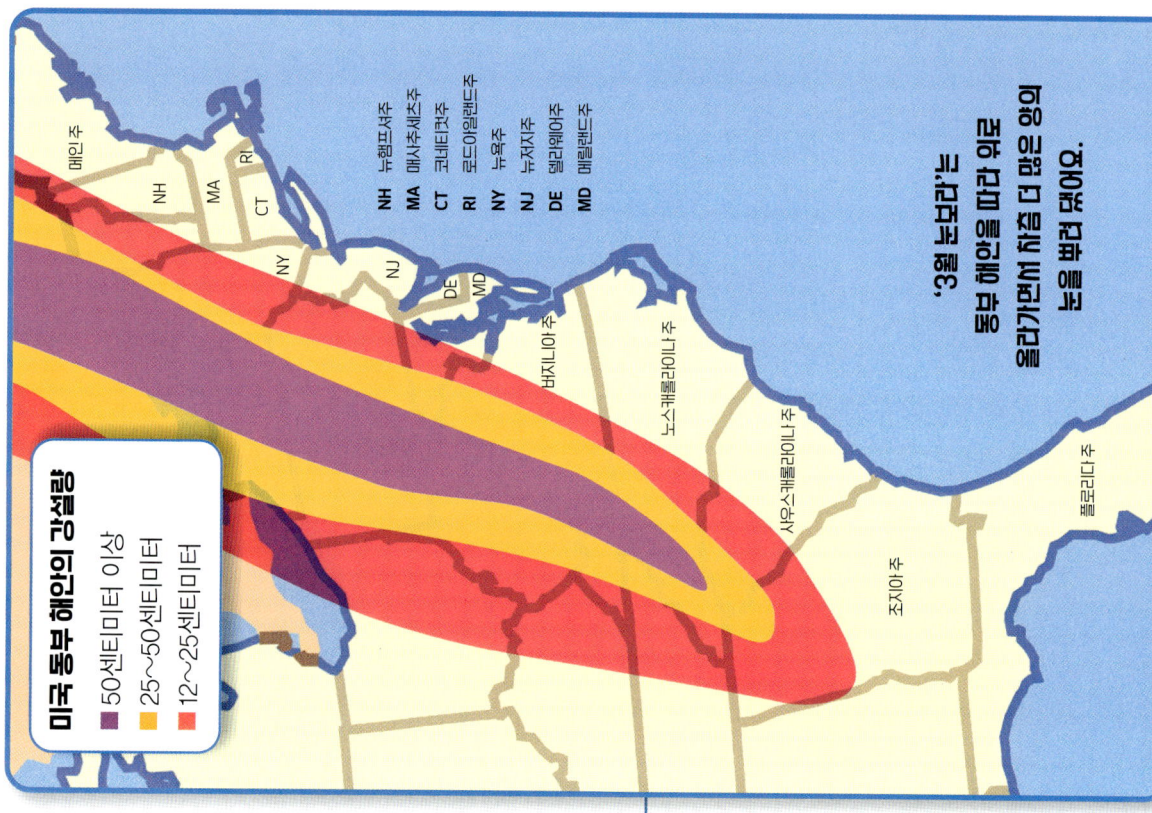

**미국 동부 해안의 강설량**
- 50센티미터 이상
- 25~50센티미터
- 12~25센티미터

'3월 눈보라'는 동부 해안을 따라 위로 올라가면서 점점 더 많은 양의 눈을 뿌려 댔어요.

NH 뉴햄프셔주
MA 매사추세츠주
CT 코네티컷주
RI 로드아일랜드주
NY 뉴욕주
NJ 뉴저지주
DE 델라웨어주
MD 메릴랜드주

## 세기의 폭풍 기록

❄ **다른 이름**(지역에 따라 불리는 이름이 달라요) : 그레이트 블리자드, 슈퍼 스톰, 노리스터.
❄ **날짜** : 1993년 3월 11일부터 16일까지.
❄ **최대 적설량** : 1.8미터.
❄ **최저 기압** : 960밀리바(헥토파스칼).
❄ **최대 풍풍** : 쿠바의 경우 시간당 210킬로미터, 미국 뉴햄프셔 워싱턴산의 경우 시간당 225킬로미터.
❄ **선박 피해** : 300척 이상이 보고했지만 실제 피해 수는 아마도 3배 더 많을 것으로 추정.
❄ **건물 피해** : 롱아일랜드에서만 20채의 집이 거대한 파도로 인해 바다로 떠내려감.
❄ **인명 피해** : 150명 이상의 사람들이 멕시코만과 대서양에서 미국 해안경비대에 의해 구조.
❄ **정전 피해** : 총 1억 명 이상의 사람들에게 영향을 미침.
❄ **총 강우량** : 비, 눈, 우박으로 쏟아진 물이 총량은 뉴올리언스에 있는 미시시피강이 40일간 흐르는 물과 비슷한 양이었음.

이동 해안부터 거주지 파괴까지, 세기의 폭풍으로 인해 미국 인구의 3분의 1이 피해를 입었답니다.

## 허리케인 샌디

- 2012년 10월 허리케인 샌디는 카리브해와 북아메리카 동부 해안을 휩쓸었어요.
- 최대 규모였던 샌디는 3등급 허리케인으로 분류되었고, 지름이 1600킬로미터 이상이었어요.
- 샌디는 자메이카, 쿠바, 바하마를 강타한 후 뉴저지 해안에서 북쪽으로 이동했어요.
- 뉴욕시에 일어난 폭풍 해일로 인해 도로 터널과 지하철에서 정전과 홍수가 발생했어요.
- 총 피해액은 800억 달러로 추산되며 사망자 수는 300명에 육박했어요.

## 노리스터

또 다른 폭풍의 한 형태인 노리스터는 북미 지역에 부는 북동풍의 겨울 폭풍이에요. 이것으로 인해 엄청난 폭설이 내리고, 정전 등의 피해를 입기도 해요. 지금도 여전히 노리스터가 강타할 때마다 피해가 속출하고 있어요. 노리스터는 책이나 영화에 영감을 주기도 했답니다.

## 눈보라

엘래배머주 버밍엄의 연평균 강설량은 2.5센티미터예요. 그런데 세기의 폭풍이 이 도시에 43센티미터의 눈보라를 쏟아부었지요. 미국 북동부에 있는 주들에는 겨울에 눈이 자주 오지만, 세기의 폭풍은 겨울 이후에 닥쳤고 기록적인 눈보라를 뿌려 댔어요. 뉴욕주의 시러큐스는 100센티미터의 강설량을 기록했고, 캐나다 국경 부근에는 적설량이 11미터나 되었답니다.

무방비 상태의 운전자들을 엄습한 눈보라 때문에 발이 묶어 버렸어요.

## 한파

거의 모든 곳의 기온이 영하로 떨어졌어요. 일례로 3월 평균 기온이 섭씨 12도인 버밍엄의 경우 폭풍 당시 기온이 섭씨 영하 17도까지 크게 내려갔지요. 강한 바람이 불었고, 10개 이상의 토네이도가 발생했어요. 쿠바에는 시간당 210킬로미터의 동풍이 불었고, 플로리다에서는 시간당 160킬로미터에 이르는 폭풍 해일이 일어나기도 했답니다.

폭풍이 북상하면서 3월 13일 플로리다주 템파 근처 해안가에 거대한 파도가 일고 있어요.

## 이동 제한

세기의 폭풍이 북쪽으로 이동하면서 조지아에서 노바스코샤에 이르는 모든 공항이 차례로 폐쇄되었어요. 수백 개의 고속도로와 수천 개의 작은 길이 며칠 동안 봉쇄되었답니다. 눈의 무게를 견디지 못해 공장과 스포츠센터, 쇼핑몰의 지붕이 무너져 내렸고, 전력이 끊겨 수백만 명이 불편을 겪었으며, 일부 지역에서는 일주일 동안 정전이 이어졌어요.

누욕 라두아디아 공항은 거의 이틀 동안 폐쇄되었고, 정상으로 돌아오는 데 일주일이 더 걸렸어요.

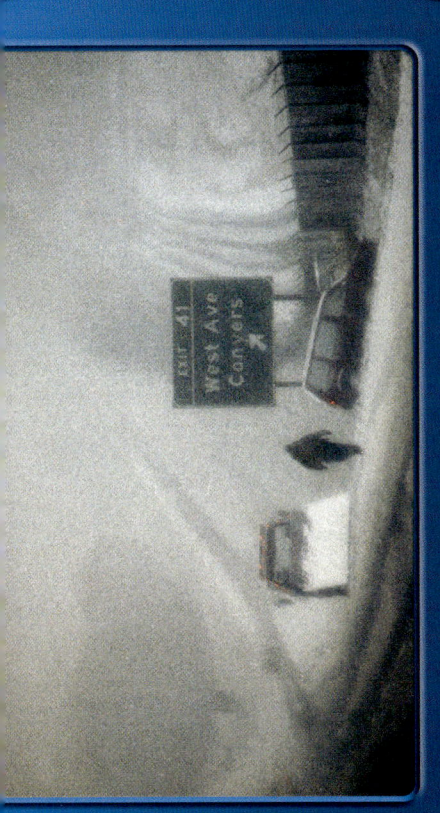

# 찾아보기

볼드체(굵게 표시한 것)는 주제를 설명하는 글에 해당하고,
이탤릭체(기울어지게 표시한 것)는 그림이나 사진 설명에 해당합니다.

가뭄 125, 146
간헐천 **16-17**
갈라파고스 제도 75
강철 28, *28*
강한 하강 기류 132, 133
개구리 105
개복치 46, *46*
갤버스턴, 미국 33
거미 105
거북 54, *54*, 70, *70*, 110, *110*, 112
게(크랩) 62, *62*, 70
고등어 70
곤드와나 104, *104*
곰 38, *38*, 50, 107, *107*
공룡 111
과테말라 136
관광 82, 84, 85, 90, 97, 99
광물 **28-9**, 66
광합성 77, 98
괴레메 계곡, 터키 94, *94*
구눙 물루 동굴, 보르네오 27, *27*
구다미스, 리비아 40
구름 34, *34*, 56, 57, 130, *130*
구름학 34
구리 29, *29*
국제 구호 활동 143
국제빙상순찰대 51
굴 71, *71*
그랜드캐니언, 미국 애리조나주 23, *23*, **82-3**
그레이트리프트밸리 **86-7**, 100
그레이트바하마캐니언 44
그레이트배리어리프 **42-3**, 61, **98-9**
그레이트플레인스, 미국 144
그리스도 상 85, *85*
그린란드 39
금 46
금박 29, *29*

기상 현상 **6-7**, **22-3**, 80, 81, 82, 85, 93, 94, 95, 96, 101, 103, **122-3**, 138
기생 분화구 118
기압 57, 148
기온 조절 57
기요 59
기포막 66
기후 변화(지구 온난화) 51, 53, 63, 123, 146

나가노, 일본 17
나일강 20
낙석 139
낙타 군단 101, *101*
날개, 태풍 141
날씨 21, *21*, **32-3**, **34-5**, 52, **56-7**
남극 **38-9**, 40, 51, 57
남극광 9
남극해 45, 51
내브래스카, 미국 32, *32*
네덜란드 121
네삿, 태풍 141
노리스터 149
뇌우 121, *124*, **130-1**, 132, 145
눈(snow) 24, **36-7**, 130, 133, 148, 149
눈먼 물고기 110, 111
눈 무지개 107, *107*
눈사태 **138-9**
니들스, 영국 95
니라공고산 14
니켈 29, *29*

ㄷ

다뉴브 삼각주 76, *76*
다이세타 싱크홀, 미국 텍사스주 137, *137*
다이아몬드 29, *29*
다흘라 오아시스, 이집트 41
단층 18
단층선 86
달 120

152

담수(민물)거북 110, *110*
대륙붕 67, *67*
대륙판 49, 63, 73
대리석 28, *28*
대서양 11, 45, 53, 54, 55, 72, 74
대서양 중앙 해령 11
대초원 126
댐 140
던위치 122
던지니스곶 77, *77*
덤보문어 30, *30*, 62, *62*
데빌스마블스, 오스트레일리아 22, *22*
데스밸리, 미국 40, *40*
돈 월시 30
돌고래 21, *21*, 66
동굴 **26–7**, 38, *38*, 93, *93*, 110, 111
동굴사자 25, *25*
동굴 탐험가 27, *27*
동아프리카 126
동아프리카 리프트밸리 86, *87*
동태평양 해팽 48, *48*
두톱상어 70
듄느 듀 삘라 77
드레초 132
등반 102, 104, *104*
딥워터 호라이즌 시추선 29, *29*

## ㄹ

라니냐 146
라스베이거스, 미국 40, *40*
라하르 119, 139
레드 스프라이트 35
로렌스, T. E. 100
로브스터 63, *63*
로알 아문센 107
롤툰 동굴 111
롯의 아내 95
리우데자네이루 **84–5**
리튬 90
리틀 솔트 스프링 싱크홀 137

## ㅁ

마그마 15, *15*, 48, 58, 118
마다가스카르 **104–5**
마리아나 해구 30, 63, *63*, 74
마르티니크 73
마사이족 86, *86*
마야인 111
마우나로아 108, *108*
마우나케아 64, 109, *109*
마운틴고릴라 112, 113
마테호른 102, *102*
마토보 힐스 95, *95*
마히나, 열대성 폭풍 121
말라위 호수 87, *87*
매머드 25, *25*
맨틀 86, *86*, 109, 123
맹그로브 습지 76, *76*
먼지 폭풍 **124–5**, 133
메가 쓰나미 19, *19*
메기, 태풍 141
메콩강 34, *34*
멕시코 **110–11**
멕시코만 72, 148
모래 언덕 41, 77
모래 폭풍 **124–5**
모하비 사막, 미국 40
목장 89
목화 성(파묵칼레) 17, *17*
몬순 **134–5**
몬테레이만 75
몬트세라트섬 139
몰디브 60, 61
몰타 122
몽골 133
몽블랑 103
무리해 34, *34*
무지개 107
문어 30, 62, *62*, 68
미국 **6–7**, **82–3**, **118–19**, 122, 124, 126, 130, 135, 136, 137, **144–5**, **148–9**
미생물 117

미얀마 134

바다눈(해중설) 30
바다의 소리 **66–7**
바닷속 풍경 **68–9**
바람 **32–3**, 55, 57, 76, 124, 130, **132–3**, **144–5**, 148
바오바브나무 105, *105*
바위 기둥 **80–1**, **94–5**, **100–1**
바하마 44, *44*, 69, 149
반향위치측정 66, 67
발광 생물 68
발트해 73
방글라데시 134
배수관 135
배핀섬 51
백나일강 87
백악 95
백운석 136
뱀 88, *88*, 101
버닙 국립공원, 오스트레일리아 127
버링어라 81, *81*
버섯바위 94, *94*
번개 35, *35*, 83, **114–15**, 126, 131
베네수엘라 97, 138
베두인족 101
베이추완, 중국 18, *18*
베이커산 36
베트남 **92–3**
벨리즈 112
벵골만 76
벵골호랑이 76
변성암 80, *80*
보리새우 69, *69*
보석 29, *29*
보스토크, 남극 39
볼리비아 88, **90–1**
부란 133
북극 **38–9**, **50–1**, 57, **106–7**
북극곰 38, *38*, 50, 107, *107*
북극광 106, *106*, 107, *107*

북극여우 38, *38*
북극해 45, 50, 51, 57
북아프리카 125
분석구 109
분화구 15, *15*, 118
붉은바다거북 54, *54*
브라이스캐니언 82, *82*
브라질 **84–5**, 88, 135
브레드포트, 남아프리카 9
블루 제트 35
블루문 35
블리자드 133, 149
비룽가 국립공원 112, *112*
빅토리아 폭포 **78–9**, 96, *96*
빅토리아 호수 87
빙산 25, 39, 50, 51, 106, *106*
빙상(대륙 빙하) 39, *39*
빙퇴석 103
빙하 **24–5**, 51, *51*, 103, *103*, 106, 119, 139
빙하기 25, 51
빙하 작용 103

사냥 89
사라왁, 보르네오 27, *27*
사르가소해 54
사막 **40–1**, 124
사막 종달새 101, *101*
사슴 76, *76*
사막화 125
사바나 126
사암 7, *7*, 80, 100, 101, 136
사우디아라비아 125, 135
사이클론 **32–3**, 57, 72, 121, 123, **140–1**, 146, 149
(눈/산)사태 **36–7**, **138–9**
사하라 사막 41, *41*, 124
사해 47, 113, *113*
사헬 125
산 **12–13**, 14, 16, 25, 36, 37, 48, 49, 64, 74, 81, *81*, 87, **102–3**
산불 41, *41*, **126–7**

산사태 **138-9**, 140, 141
산성비 92, 93
산소 46, 47, 69
산호초 **42-3**, 59, **60-1**, **98-9**, 112, *112*
살아 있는 화석 99
살츠스트라우멘 64
삼림 벌채 87, 112
상승 기류 131
샌드블래스팅 22
샌디, 허리케인 149
샌프란시스코 지진 19, *19*
생태계 60, 70, 76, 86, 89, 99, 113
샤모니, 프랑스 37
서관충 63, *63*
서식지 파괴 83, **112-13**
서핑 55, *55*
석고 29, *29*
석순 26, *26*, 93
석유 29, *29*, 71, *71*, 75
석탄 28, *28*, 71
석회암 26, 92, 93, 94, 95, 105, 111, 122, 136, 137
선인장 90, *90*
성스러운 장소(성지) 80, 81, 111
세기의 폭풍 **148-9**
세노테 **110-11**
세인트헬렌스, 미국 14, 16, **118-9**
셀마, 태풍 140
소나(수중 음파 탐지기) 67
소용돌이 64, 121
소행성 117
수단 41, *41*
수소 47
수은 28, *28*
수중 자율 차량(AUVs) 31
수증기 45, 47, 56, 121, 130, 131
수프리에르힐즈 화산 139
순간 돌풍 132, 133
슈거로프산 85, *85*
슈르체이섬 123
슈퍼 태풍 141
슈퍼셀 폭풍 32, *32*, 130
(블랙/화이트)스모커 31, *31*, 63, *63*

스발바르 **106-7**
스위스 102
스윗립스 99, *99*
스칸디나비아 51
스케브닝겐 121
스트로마톨라이트 46, *46*
스피릿 호수 119
스피츠베르겐 106
슬롯 협곡 22, *22*
신화(전설) 93, 108
실리 제도, 영국 52
심해 지대 **62-3**
심해 탐사 **30-1**
심해 평원 62
12사도 바위, 오스트레일리아 94, *94*
싱크홀 26, *26*, 69, *69*, 93, **136-7**
쏨뱅이 59
쓰나미 19, *19*, 73, **128-9**

아굴라스 해류 53
아나콘다 88, *88*
아라고나이트 결정체 27, *27*
아르코스 80, *80*
아르헨티노 호수 24, *24*
아리카, 칠레 41
아마시아 50
아마존강 **20-1**
아마존 우림 21
아발 절벽, 프랑스 76, *76*
아시우트, 이집트 41
아우구스투스산 81, *81*
아이슬란드 11, *11*
아이티 **142-3**
아주르 윈도우 122
아치스 국립공원, 미국 유타주 22
아타카마 사막, 칠레 41
아황산 가스 118
악마의 수영장 97, *97*
악어 88, *88*, 112
안경카이만 88, *88*

안데스산맥 49
안드로스 블랙홀 69, *69*
알래스카, 미국 65, 73, 74
알레치 빙하 103, *103*
알루미늄 28, *28*
알류샨해구 74
알 아지지야, 리비아 40
알프스 **102–3**
알프스 초원 103, *103*
암초 98, *98*
앙헬 폭포 97, *97*
애리조나, 미국 **6–7**
앵무조개 99, *99*
야생 81, 83, 88, 89, 91, 98, 99, 101, 105, 107, 110, 111, 112
양쯔강 20
어업(낚시) 70, 71, 74, 99
언게이바만 120
에베레스트산 **12–13**, 74
에버글레이즈 113, *113*
에이야파들라이외퀴들 화산, 아이슬란드 11
엑손 발데스 75
엘니뇨 146
여우 38, 101
여우원숭이 105, *105*
연소 차단대 126
열대성 사이클론 **32–3**, 57, 72, 121, 123, **140–1**, 146, 149
열에너지 52
열점 58
염소 101
염수 46, 47, 64
영국 120, 135
영화 촬영지 100, **100–101**
예니세이강 20
예티크랩 62, *62*
옐로스톤 국립공원, 미국 16
오로라 9, 106, 107
오로라(남극광) 9, *9*
오로라(북극광) 106, *106*, 107, *107*
오염 **70–1**, 73, 75, 89, 99, 112
오스트레일리아(호주) **42–3**, **80–1**, 94, 95, **98–9**, 104, 121, 122, 124, 126, 127, 135, **146–7**
오스트리아 138
온도 47, 57, 58, 63
온천 17
올드페이스풀 간헐천 16, *16*
와디 럼 **100–1**
와시, 태풍 141
와이망구, 뉴질랜드 16
요르단 **100–1**, 113
용암 14, *14*, 48, 58, 59, 108, *108*, 109, *109*, 116, 119
원주민 80, 81, 99
우루밤바강 20
우림 21, 105
우박 56, 130, 131
우유니 **90–1**
우주 잔해 117
운석 111, 117
울루루, 오스트레일리아 **80–1**
원시 행성 116, 117
위성사진 44, *44*, 47, *47*
유네스코 세계 문화유산 76
유방구름 34, *34*
유성(별똥별) 8, *8*
유카탄반도 **110–11**
음속 66
응고롱고로 분화구 86, *86*
이류 119, 138, 139
이산화탄소 46, 71
이스터섬 75
이탈리아 102
익족류 62
인도 134, 135
인도양 61, 74
인류학 87
일본 **128–9**, 138
일출과 일몰 81, *81*, 82

자메이카 149
자연의 화재(산불) 41, *41*, **126–7**
자이언트 오스트라코드 31, *31*

잠베지강 96, 97
잠비아 96
잠수 38, 38
잠수정 30, 30, 63, 63
잠수함 30, 31
장벽 모양 섬들 122
장석 80
재규어 88
재생 에너지 71
적란운 56, 130, 130
적철석 28, 28
전파 66
절벽 76, 77
제트 기류 148
조류(새) 83, 83, 91, 101, 106
조석보어 120, 120
조수 **54-5**, 64, 77, **120-1**
중국 92, 120, 125, 135, 137, 139, 141, 147
중력 54, 116, 117
중앙 해령 48, 48, 58, 63
쥐가오리 45
지각 **10-11**, **48-9**, 58, 123, 128
지각 운동 **10-11**, 18, **48-9**, 73, 74, 86, 86, 101, 103, 109, 123, 128, 142
지구 온난화 51, 53, 87, 92, 99, 123, 146
지구 중심 10, 10
지구 형성 **116-17**
지브롤터 해협 147
지중해 59
지진 **18-19**, 49, 65, 73, 74, 128, 129, **142-3**
지진계 118
지진파 18, 142
지하 구멍 136, 137
지하수 136
진주 양식 71
진화 87, 105
짐바브웨 96, 97
짜란누루 마시프 104, 104
짧은꼬리원숭이 17, 17

차이텐 화산 131
찰스 다윈 61
챌린저 해연 74
천연가스 71, 75
첸탄강 120
초기 인류 87
초대륙 104
초신성 116
초화산 16
최저 기온 39
최고 기온 40
충격파 116
치탈사슴 76, 76
칙술루브, 멕시코 8
칠레 127, 131, 143, 146
침식 **6-7**, **22-3**, 80, 81, 82, 85, 93, 94, 95, 96, 101, 103, **122-3**, 138
칭기랜즈 105, 105
칭취안 싱크홀 137

카리브해 72
카르스트 지형 26, 92, 93
카우보이 89, 89
카이만 88, 88
카타추타 81, 81
카트마이산 74
카파도키아 94
카피바라 89, 89
캐나다 120
캐니언(협곡) 23, 23, 44, 62, **82-3**, 96, 100, 101
캘리포니아만 75
캘리포니아콘도르 83, 83
케냐 125
케빌리, 튀니지 40
케이프혼 55
켈프 65, 75
켓사나, 태풍 140
코르코바도 85

코리올리의 힘 57
코모도 국립 해양 공원 45
코파카바나 해변 84, *84*
콘셉시온, 칠레 18
콜로라도강 23, *23*, 82, *82*, 83
콜롬비아 139
콜탄 28, *28*
콩고 135
콩고강 20
콩고민주공화국 14, 112
콩스피오르덴 106
콩스베겐 106, *106*
쿠바 148, 149
퀸즐랜드, 오스트레일리아 35, **146–7**
킬라우에아 109, *109*
킬리만자로산 25, 87, *87*
크로커스 101, *101*

## ㅌ

타샤, 사이클론 146
타우포 호수 15
타이태닉 25, 51
탄산칼슘 27
탄자니아 86
탈라스, 열대성 폭풍 138
탕가니카 호수 87
태양 116, 120
태양계 116
태양풍 107
태평양 27, 31, 55, **74–5**
태평양판 74
태풍 **32–3**, 57, 72, 121, 123, **140–1**, 146, 149
터키 94
토네이도 32, *32*, 34, 133, **144–5**, 149
토네이도 앨리, 미국 33, **144–5**
토르스 해머(토르의 망치) 82
토마스, 허리케인 123
통킹만 92
퇴적암 80, *80*, 83, 100
투바타하 암초 75
트리에스테호 30

팁, 태풍 140

## ㅍ

파도 23, *23*, **54–5**, 65, 77
파라나강 20
파묵칼레(목화 성) 17, *17*
파이살 빈 후세인 왕자 100
파충류 88, 110, 112
파키스탄 134, 135
판게아 49
판구조론 **10–11**, 18, **48–9**, 73, 74, 86, *86*, 101, 103, 109, 123, 128, 142
판타나우 **88–9**
판탈라사 49
펀디만 120
페루 146
페르디난데아 59, *59*
페르시아만 57
페리토 모레노 빙하 24, *24*
페인티드클리프, 태즈메이니아 23, *23*
펭귄 25, *25*, 38, *38*
포트 캠벨 국립공원, 오스트레일리아 122
폭포 **78–9**, **96–7**
폭풍 **32–3**, 52, 57, **72–3**, **114–15**, 117, 121, 122, **130–3**
폭풍을 쫓는 사람 33, *33*
폭풍 해일 121, 149
폴리네시아 제도 75
폴립 98, *98*, 99
푸른바다거북 70, *70*
프랑스 103
플라눌라 98, *98*
플라스틱 쓰레기 70, 71
플랑크톤 53, 69
플레산 73
플로리다, 미국 113, 136, 137, 149
피나클스 사막, 오스트레일리아 95, *95*
피닉스, 애리조나 124
피오르 51, 106
피지 71
필리핀 **140–1**

하부브 124
하롱베이 92–3
하와이 15, 48, 55, **108–9**
한밤중의 태양 39, *39*
해달 75
해마 77
해변 77
해빙 46, 50, 51, 53, 57
해산 59
해수대 31
해수면 92
해수면 변화 44, 50, 51, 53, 57
해수면 상승 123
해식 아치 77, *77*, 122, *122*
해안 지대 **76–7**, **122–3**
해안 침식 23, *23*, **122–3**
해양 11, **30–1**, 39, **44–77**, **120–1**
해양공포증 76
해양 대순환 **52–3**
해양법 45
해양 야생 동물 보호 구역 75
해양 재해 **72–3**
해양판 48, 49, 58, 63, 73
해우(바다소) 112
해저 58, 62, 63
해저 잠수정 30, *30*
해파리 68, *68*, 99, *99*
행성 116
향유고래 64
허리케인 **32–3**, 57, 72, 121, 123, **140–1**, 146, 149
허리케인 카트리나 33, *33*
허버드 빙하 25, **24–5**
현무암 96
형석 28, *28*
혜성 9
홍수 35, *35*, 51, 88, 89, *89*, 90, 121, 128, 135, 140, 141, **146–7**
홍학 91
홍해 64, 86
화강암 95, 104

화산 10, *10*, 11, **14–15**, *14–15*, 16, 35, 48, 49, 58–9, *59*, 60, 61, 63, 73, 74, 85, *86*, 86, 87, 91, **108–9**, *108–9*, 116, 17, **118–19**, 123, 131, 139
화산쇄설류 119, 139
화산재 구름 11, *11*, 15, *15*, 119
화산학자 109
화석 91
화성암 80, *80*
화전 농업 112
환초 60, 61
환태평양 화산대 10, 74
황허강 147
후두 22, *22*, 82, *82*
후쿠시마 원자력 발전소, 일본 129
훙가 하파이 59, *59*
휴대전화 28, *28*
흑연 28, *28*
흑해 76
희망봉 52
흰펠리컨 76
히말라야 **12–13**

K–P 대멸종 8

# 최강 지구 백과

**초판 1쇄 발행** 2023년 1월 1일 | **지은이** 마일즈켈리 편집부 | **옮긴이** 김지연
**펴낸곳** 보랏빛소 | **펴낸이** 김철원 | **책임편집** 김이슬 | **편집** 김시경 | **마케팅·홍보** 이태훈 | **디자인** 김규림
**출판신고** 2014년 11월 26일 제2015-000327호 | **주소** 서울시 마포구 포은로 81-1 에스빌딩 201호
**대표전화·팩시밀리** 070-8668-8802 (F)02-323-8803 | **이메일** boracow8800@gmail.com

ISBN 979-11-90867-95-5 (74030)
ISBN 979-11-90867-83-2 (세트)

First published in 2015 by Miles Kelly Publishing Ltd
Harding's Barn, Bardfield End Green, Thaxted, Essex, CM6 3PX, UK
Copyright @ Miles Kelly Publishing Ltd 2015
All rights reserved.
No part of this publication may be reproduced, stored in a retrieval system,
or transmitted by any means, electronic, mechanical, photocopying, recording,
or otherwise, without the prior permission of the copyright holder.

KOREAN language edition ⓒ 2023 by Borabit So Publishing Co.
KOREAN language edition arranged with Miles Kelly Publishing Ltd. through POP Agency, Korea.

● 이 책의 한국어판 저작권은 팝 에이전시(POP Agency)를 통한 저작권사와의 독점 계약으로 보랏빛소가 소유합니다.
신 저작권법에 의하여 한국 내에서 보호를 받는 저작물이므로 무단전재와 무단복제를 금합니다.